U0745190

车相随鸣……勒勒车制作技艺

# 天工巧匠

"十三五"国家重点图书出版规划项目

叔嘎拉 包瑞芸 著

中华传统工艺集成

冯立昇 董杰 主编

山东教育出版社
·济南·

图书在版编目（CIP）数据

车相随鸣：勒勒车制作技艺 / 叔嘎拉，包瑞芸著.
济南：山东教育出版社，2024.9. -- （天工巧匠：中华传统工艺集成 / 冯立昇，董杰主编）. -- ISBN 978-7-5701-2863-1

I. U

中国国家版本馆 CIP 数据核字第 2024PY0013 号

TIANGONG QIAOJIANG——ZHONGHUA CHUANTONG GONGYI JICHENG

天工巧匠——中华传统工艺集成　　　　　　　冯立昇　董杰　主编

CHE XIANG SUI MING: LELECHE ZHIZUO JIYI

车相随鸣：勒勒车制作技艺　　　叔嘎拉　包瑞芸　著

主管单位：山东出版传媒股份有限公司
出版发行：山东教育出版社
地　　址：济南市市中区二环南路 2066 号 4 区 1 号　　邮编：250003
电　　话：0531-82092660　　网址：www.sjs.com.cn
印　　刷：山东黄氏印务有限公司
版　　次：2024 年 9 月第 1 版
印　　次：2024 年 9 月第 1 次印刷
开　　本：710 毫米 × 1000 毫米　　1/16
印　　张：10.75
字　　数：164 千
定　　价：58.00 元

## 作者简介

**叔嘎拉**，蒙古族，博士，内蒙古自治区文化馆副馆长、研究馆员。2020 年度文化和旅游部优秀专家，内蒙古自治区非遗保护优秀工作者。主要研究方向为群众文化保护研究、非遗保护研究。

从事非遗保护工作十余年，参与了资源普查、名录体系建设、数字化记录、整理研究、培训研讨、宣传传播等较为全面的实践工作。代表作品有《胡仁·乌力格尔卷（二）》《民间文学精选·蒙古族服饰卷》《内蒙古自治区非遗代表性传承人技艺技能抢救项目》等 17 部成果。在省级期刊发表学术论文 10 余篇。主持自治区级科研项目 2 项，参加国家级课题 2 项、自治区级课题 10 项。

**包瑞芸**，蒙古族，就职于内蒙古民族文化产业研究院。主要从事传统文化研究工作。参与《内蒙古民族民间文化遗产数据库》《当代中国蒙古族历史》等项目，参与编写《格斯尔历史渊源》、《蒙古学百科全书》（民俗卷）等。参加自治区级科研项目 3 项。

中华文明是世界上历史悠久且未曾中断的文明，这是中华民族能够屹立于世界民族之林且能够坚定文化自信的前提。中国是传统技艺大国，源远流长的传统工艺有着丰富的科技和人文内涵。古代的人工制品和物质文化遗产大多出自能工巧匠之手，是传统工艺的产物。中国工匠文化的传承发展，形成了独特的工匠精神，在中国历史长河中延绵不绝。可以说，中华传统工艺在赓续中华文脉和维护民族精神特质方面发挥了重要的作用。

传统工艺主要指手工业生产实践中蕴含的技术、工艺或技能，各种传统工艺与社会生产、人们的日常生活密切相关，并由群体或个体世代传承和发展。传统工艺的历史文化价值是不言而喻的。即使在当今社会和日常生活中，传统工艺仍被广泛应用，为民众所喜闻乐见，具有重要的现代价值，对维系中国的文化命脉和保存民族特质产生了不可替代的作用。

近几十年来，随着工业化和城镇化进程的不断加快，特别是受到经济全球化的影响，传统工艺及其文化受到了极大的冲击，其传承发展面临着严峻的挑战。而传统工艺一旦失传，往往会造成难以挽回的文化损失。因此，保护传承和振兴发展中华传统工艺是我们义不容辞的责任。

传统工艺是非物质文化遗产的重要组成部分。2003 年 10 月，联合国教科文组织通过《保护非物质文化遗产公约》，其中界定的"非物质文化遗产"中包括传统手工技艺。2004 年，中国加入《保护非物质文化遗产公约》，传统工艺也成为我国非遗保护工作的一大要项。此后十多年，我国在政策方面，对传统工艺以抢救、保护为主。不让这些珍贵的文化遗产在工业化浪潮和城乡变迁中湮没失传非常重要。但从文化自觉和文明传承的高度看，仅仅开展保护工作是不够的，还应当重视传统工艺的振兴与发展。只有通过在实践中创新发展，传统工艺的延续、弘扬才能真正实现。

2015 年，党的十八届五中全会决议提出"构建中华优秀传统文化传承体系，加强文化遗产保护，振兴传统工艺"的决策。2017 年 2 月，中共中央办公厅、国务院办公厅印发了《关于实施中华优秀传统文化传承发展工程的意见》，明确提出了七大任务，其中的第三项是"保护传承文化遗产"，包括"实施传统工艺振兴计划"。2017 年 3 月，国务院办公厅转发了文化部、工业和信息化部、财政部《中国传统工艺振兴计划》。这些重大决策和部署，彰显了国家层面对传统工艺振兴的重视。

《中国传统工艺振兴计划》的出台为传统工艺的发展带来了新的契机，近年来各级政府部门对传统工艺的保护和振兴更加重视，加大了支持力度，社会各界对传统工艺的关注明显上升。在此背景下，由内蒙古师范大学科学技术史研究院和中国科学技术史学会传统工艺研究会共同策划和组织了《天工巧匠——中华传统工艺集成》丛书的编撰工作，并得到了山东教育出版社和社会各界的大力支持，该丛书也先后被列为"十三五"国家重点图书出版规划项目和国家出版基金资助项目。

传统手工技艺具有鲜明的地域性，自然环境、人文环境、技术环境和习俗传统的不同，以及各民族长期以来交往交流交融，对传统工艺的形成和发展影响极大。不同地域和民族的传统工艺，其内容的丰富性和多样性，往往超出我们的想象。如何传承和发展富有地域特色的珍贵传统工艺，是振兴传统工艺的重要课题。长期以来，学界从行业、学科领域等多个角度开展传统工艺研究，取得了丰硕的成果，但目前对地域性和专题性的调查研究还相对薄弱，亟待加强。《天工巧匠——中华传统工艺集成》丛书旨在促进地域性和专题性的传统工艺调查研究的开展，进一步阐释其文化多样性和科技与文化的价值内涵。

《天工巧匠——中华传统工艺集成》首批出版 13 册，精选鄂温克族桦树皮制作技艺、赫哲族鱼皮制作技艺、回族雕刻技艺、蒙古族奶食制作技艺、内蒙古传统壁画制作技艺、蒙古族弓箭制作技艺、蒙古族马鞍制作技艺、蒙古族传统擀毡技艺、蒙古包营造技艺、北方传统油脂制作技艺、乌拉特银器制作技艺、勒勒车制作技艺、马头琴制作技艺等 13 项各民族代表性传统工艺，涉及我国民众的衣、食、住、行、用等各个领域，以图文并茂的方式展现每种工艺的历史脉络、文化内涵、工艺流程、特征价值等，深入探讨各项工艺的保护、传承与振兴路径及其在文旅融合、产业扶贫等方面的重要意义。需要说明的是，在一些书名中，我们将传统技艺与相应的少数民族名称相结合，并不意味着该项技艺是这个少数民族所独创或独有。我们知道，数千年来，中华大地上的各个民族都在交往交流交融中共同创造和运用着各种生产方式、生产工具和生产技术，形成了水乳交融的生活习俗，即便是具有鲜明民族特色的文化风情，也处处蕴含着中华民族共创共享的文化基因。因此，任何一门传统工艺都绝非某个民族所独创或独有，而是各民族的先辈们集体智慧的结晶。之所以有些传统工艺前要加上某个民族的名称，是想告诉人们，在该项技艺创造和传承的漫长历程中，该民族发挥了突出的作用，作出了重要的贡献。在每本著作的行文中，我们也能看到，作者都是在中华民族的大视域下来探讨某项传统工艺，而这些传统工艺也成为当地铸牢中华民族共同体意识的文化基石。

本套丛书重点关注了三个方面的内容：一是守护好各民族共有的精神家园，梳理代表性传统工艺的传承现状、基本特征和振兴方略，彰显民族文化自信。二是客观论述各民族在工艺文化方面的交往交流交融的事实，展现各民族在传统工艺传承、创新和发展方面的贡献。三是阐述传统工艺的现实意义和当代价值，探索传统工艺的数字化保护方法，对新时代民族传统工艺传承和振兴提出建设性意见。

中华文化博大精深，具有历史价值、文化价值、艺术价值、科技价值和现代价值的中华传统工艺项目也数不胜数。因此，我们所编撰的这套丛书并不仅限于首批出版的 13 册，后续还将在全国遴选保护完好、传承有序和振兴发展成效显著的传统工艺项目，并聘请行业内的资深学者撰写高质量著作，不断充实和完善《天工巧匠——中华传统工艺集成》，使其成为一套文化自信、底蕴厚重的珍品丛书，为促进传统工艺振兴发展和推进传统工艺学术研究尽绵薄之力。

冯立昇

2024 年 8 月 25 日

车是人们在陆地使用的交通运输工具。其起源，国内外专家从考古（岩画）、人类学和民俗学角度都进行过相关探究。一部分专家认为车最早起源于亚洲，再流传至世界各地。[①] "作为轮式交通工具，车的出现时间可以追溯到公元前三千世纪后半期，即公元前二十五世纪至公元前二十世纪……库班（Kuban）地区诺夫斯夫博那亚（Novosvbodnaya）文化，新提托诺夫卡（Novotitorovka）文化的墓葬，德涅斯特河到乌拉尔竖穴墓文化的聚落出土的轮子、车辆残段和车辆模型以及承兑的拖拽牛的发现证实了这一点。"[②] 这一时期，中国大部分地区已进入新石器时代。[③]

轮子是人类历史上最杰出的发明之一，使用轮子是人类社会的重大进步，很大程度上推进了人类社会文明的发展。车轮及车的使用较大地促进了生产力，也加强了各地区、各部落，尤其是偏远地区之间的物品交换和文化联系，加速了人类社会的进一步发展。

蒙古高原约公元前 20 世纪中叶进入青铜器时代。[④] 这一时期人类学会了使用可塑性与硬度较强的青铜制作各种刀具、弓箭、矛戈等器具，为获得生活所需物品提供了更有利的条件。与此同时，人类利用马衔和马镳等金属器彻底驯服了野马、野牛、

① 特日根巴雅尔：《岩画所见古代游牧民族车形 ——以中亚地区 152 组车辆图形岩画为例》，内蒙古师范大学硕士学位论文，2018 年。

② ［俄］叶莲娜·伊菲莫夫纳·库兹米娜著，［美］梅维恒英文编译，李春长译：《丝绸之路史前史》，科学出版社2015 年版，第 29 页。

③ 童恩正：《中国北方与南方古代文明发展轨迹之异同》，《中国社会科学》1994 年第 5 期。

④ 盖山林：《盖山林文集》，黑龙江教育出版社 1995 年版，第 74 页。

骆驼等野生动物，促进了畜牧业的发展。由于游牧生产生活中的转草场、征战以及其他贸易交易的需求，各种运输和交通工具被发明，其中就有载人和运货的各种类型的畜力车、毡包车和两轮或四轮的战车。车辆的发明和广泛使用成为青铜时代物质文明的重要标志。[1]

现今我们所说的勒勒车前身就是在这时候发明的。勒勒车是蒙古高原先民用牛或骆驼等牲畜拉行的、用木料制作的车辆的俗称，蒙古语叫"乌克尔·特日格（Ukher-terge）"或"哈萨克·特日格（Khasag-terge）"，本意为带有护栏或篷子的牛车。是他们长期在蒙古高原生产、生活过程中制作的能够适应草原自然环境和生活习惯的一种交通工具。

在蒙古高原生活的游牧民族数量较多。由于自然和人文环境的不同，各民族也有自己独有的文化特点。蒙古族也不例外，在长期的社会变迁过程中孕育了丰富而多彩的传统文化。交通运输文化在整个北方少数民族文化体系中占据着重要的位置。勒勒车作为蒙古族生产生活的重要工具，在漫长的历史演变中，孕育了独特的文化内涵。

随着社会和经济的不断发展，人们生产方式和生活方式也随之而变。尤其进入数字科技时代后，传统社会的许多方面都产生颠覆性的转变。原先依靠传统生产生活方式的各种文化传统也渐渐脱离了如今的社会生活，逐渐变成"文化遗留"，成为人类历史文化遗产的一部分。物质形态（有形）和非物质形态（无形）的文化遗产都能反映人类社会发展、进步的重要过程，有独特的历史、社会、科技、文化、审美价值。中国悠久的历史，给如今的我们保留了众多优秀的传统文化。其中，由于失去生存环境而面临濒危的各类非物质文化遗产越来越受到社会各界的重视，从而得到了有效的保护和发展。

[1] 盖山林：《盖山林文集》，黑龙江教育出版社1995年版，第74页。

中华优秀传统文化具有"多元一体"的特征，56 个民族共同创造了中华文化。习近平总书记指出："我们灿烂的文化是各民族共同创造的。中华文化是各民族文化的集大成。"党和国家一直以来非常重视传统文化的保护、传承工作，自 2004 年中国加入联合国教科文组织《保护非物质文化遗产公约》以来，昆曲、藏戏、蒙古族长调民歌、格萨（斯）尔、玛纳斯、新疆维吾尔木卡姆艺术等 42 项非物质文化遗产项目（含代表作、急需保护项目和优秀实践名册）被列入联合国教科文组织非物质文化遗产名录（名册）。其中，少数民族非物质文化遗产代表性项目占总数额 1/3 左右；1557 个国家级非物质文化遗产代表性项目中（子项目为 3610 个），少数民族非物质文化遗产代表性项目占 1/3 左右，7 个国家级文化生态保护区和 17 个国家级文化生态保护实验区中涉及民族地区的占 1/2 左右。从这些数据中我们可以看出党和国家对少数民族非物质文化遗产的重视。

少数民族非物质文化遗产是中华文化的重要组成部分，对民族团结、国家安定、各民族共同繁荣发展发挥着重要作用。党的十八大以来，党和国家接连作出一系列重大决策和部署，从坚定文化自信、实现中华民族伟大复兴中国梦的全局和战略高度开展了前所未有的保护工作。习近平总书记高度重视非物质文化遗产保护工作，多次发表重要论述、作出重要指示。其中，也包括少数民族非物质文化遗产。习近平总书记在 2019 年考察内蒙古自治区赤峰市时指出："我国是统一的多民族国家，中华民族是多民族不断交流交往交融而形成的。中华文明植根于和而不同的多民族文化沃土，历史悠久，是世界上唯一没有中断、发展至今的文明，要重视少数民族文化保护和传承"；2022 年在新疆维吾尔自治区考察时指出："中华文明博大精深、源远流长，由各民族优秀传统文化百川汇流而成。像《玛纳斯》这样的文化遗产，既是少数民族的宝贵财富，也是中华民族的宝贵财富，要做好保护、传承、整理工作，使之发扬光大。"这对中国非物质文化遗产科学保护指明了方向。2021 年，中共中央办公厅、国务院办公厅印发的《关于进一步加强非物质文化遗产保护工作的意见》突出强调加强非物质文化遗产保护工作必须坚持马克思主义祖国观、民族观、文化观、历史观，铸牢中华民族共同体意识，要坚持以铸牢中华民族共同体意识为主线，促进各民族非物质文化遗产保护传承，树立和突出各民族共享的中华文化符号和中华民族形象[①]。这些重要的指导思想，将我国少数民族非物质文化遗产的作用，少数民族非物质文化遗产保护工作的目的、手段、方法都予以清晰地阐述和明确地规划，对少数民族非物质文化遗产保护工作将产生不可估量的影响。

内蒙古自治区非物质文化遗产资源丰富，56 个民族同胞在长期的交流交往交融中，共同孕育了灿烂的中华优秀传统文化。截至 2022 年 6 月，内蒙古自治区入选联合国教科文组织人类非物质文化遗产代表作名录 2 项（蒙古族长调民歌、中国蒙古族呼麦歌唱艺术），入选国家级非物质文化遗产代表性项目 98 个 106 处；先后公布 7 批自治区级非物质文化遗产代表性项目 545 项（174 项扩展，908 处），盟市级代表性项目 2004 项（138 项扩展）、旗县级代表性项目 3694 项（20 项扩展）；国家级非物质文化遗产代表性传承人 82 人、自治区级代表性传承人 1087 人、盟市级代表性传承人 3364 人、旗县级代表性传承人 5863 人。同时在政策法规的办法实施、调查记录、传统工艺振兴、文旅融合、数字化宣传等方面也有了显著的成绩。

勒勒车制作技艺是北方游牧民族在长期的互动过程当中创造出来的传统文化。在当今社会，虽然勒勒车已经失去了交通运输功能，但其背后的文化内涵具有很高的研究和保护价值。截至

① 参考中共中央办公厅、国务院办公厅印发《关于进一步加强非物质文化遗产保护工作的意见》。

2022 年，内蒙古自治区人民政府以及文化相关部门共计公布了 7 批自治区级非物质文化遗产代表性项目名录和 7 批自治区级代表性传承人名录。代表性项目名录中，与车文化直接相关的项目涉及 1 大类，共计 3 项；代表性传承人共计 8 名。在文化和旅游部非物质文化遗产司国家级非物质文化遗产代表性传承人记录工作和内蒙古自治区抢救保护濒危项目和高龄传承人的"双保工程"等工作中，专门对勒勒车制作技艺国家级非物质文化遗产代表性传承人白音查干和其徒弟进行了系统的采集记录工作。这对勒勒车制作技艺今后的研究和发展提供了珍贵的第一手资料。

# 目录

第一章
勒勒车起源

交通工具与人类社会发展进步有密切的联系。交通工具的演变见证了整个人类社会的发展。作为车辆中的一员，勒勒车也见证了北方游牧社会的发展。在谈及勒勒车之前，我们有必要简述一下关于车辆及北方游牧民族车辆的起源。

## 第一节　车的起源

由于原始社会生产力水平极其低下，人类在很长一段时间里没有交通和运输工具，主要以步行、手提、肩背、背驮或拖拉形式来满足交通和运输需求。"最古老的劳动生产工具是采集和狩猎用的棍棒"[1]，人们将木棍（棒）当拐杖和扁担以便减轻物体的重量，减少体力消耗。在山林、草地、河流之间行走和搬运采集物及猎物时，木棍（棒）成为重要的工具。后来单一木棍向扁担、担架、轿子等工具的发展，很大程度上提高了搬运和交通效率。但这些交通和运输工具的最终动力还是人本身，重量还是落到人的双足之上。所以人们为了减轻自身压力，增加运输和行走速度，继而发明了许多工具，比如热带雨林中生存的印第安人的棕榈凉鞋、南非沙漠中生存的布须曼人的凉鞋、爱斯基摩人的冰刀和雪鞋，等等。在北极冰雪区域生存的猎人们在长期的生产生

①徐万邦、祁庆富：《中国少数民族文化通论》，中央民族大学出版社1996年版，第134页。

图 1-1　蒙古国阿尔泰地区牧民用牛拉货图　图片来源：特日根巴雅尔：
《岩画所见古代游牧民族车形——以中亚地区 152 组车辆图形岩画为例 》

活实践过程中，也发明了在雪地上或者冰上运输工具和食物的装
备——雪橇。

　　到旧石器时代晚期、新石器时代农业和畜牧业产生后，人们
开始驯化野生动物，用驯养的狗、马、牛、羊等牲畜拖拉、驮载
物品（图 1-1）。人类驯化野生动物与车的形成有着历史的必然
联系。驯化动物是"人类社会由散居、渔猎型向群居、农业型转
变的重要基础和必然产物。"[1]起初，人们驯养野生动物就是为
了更容易获得除肉食以外的奶、皮、毛等附属品。之后人们驯养
牛、马替代人力拖拉采集和狩猎物品。随着社会的发展、人类
智商的不断提高，人们创造了舟、筏（皮筏、木筏）、雪橇等
工具搬运物品。

　　相关历史文化研究者认为狗拉撬是人类创造运输工具的首次
尝试。[2]这种"撬"其实是"曳叉"[3]，曳叉是爬犁和雪橇的前身，
是将平行的两根木杆用一条横木连接起来做成的。随着社会生产
不断进步和人们生活方式变化，人们对生产效率也不断提出新要

① 刘瑞俊：《内蒙古草
原地带游牧生计方式起
源探索》，中央民族大
学博士学位论文，2010
年，第 68 页。
② 达·迈达尔、拉·达
力苏荣：《蒙古包》，内
蒙古文化出版社 1987 年
版，第 146 页。
③ 徐万邦、祁庆富：《中
国少数民族文化通论》，
中央民族大学出版社
1996 年版，第 120 页。

图 1-2　胡人牵驼图（骆驼在驮物）　图片来源：新华社 2021 年报道"陕西发现罕见唐墓壁画"

求，人们通过运用木棍的经验，制造了工具——撬。这时的撬是用两根木杆制作的简易运输工具，通常是根据运输货物的载量将木杆细段固定在前，以粗段部分为底盘放置货物进行运输。具体制作方法是把桦木或松木等硬质木材按使用尺寸截断后，把粗段部分修剪成钩形或弧形并打孔，然后在两个木杆的孔里打入销子并用横木连接装载货物。它的功能相当于车箱或车舆。

　　载满食物或木材的雪橇一两个人是无法移动的。自然而然，先辈们就开始驯服动物，用动物来拉拽雪橇。后来，鹿、牛、马、骆驼、驴等众多野生动物被驯化，用作役畜来运载物品（图1-2）。但由于撬只适合于特定环境，无法满足人们日益增长的生活生产需求，当时人们急需一种能够四季都可利用的工具。尤其在人类从事畜牧业以后，对能普遍使用的、方便运输和迁徙的工具需求日益增长。"从笨重的撬进化到平滑的运输手段，经过了很长的道路，只有通过运输届最高发明——轮子，才能达到真正的舒适和高速度。"① 创造轮子是人类交通运输史上的重大发

① ［德］Julius E. 利普斯著，汪宁生译：《事物的起源》，敦煌文艺出版社 2000 年版，第183 页。

明之一。"由于减少了和地面接触的面积，由于圆周运动的初步运用，由于重量造成的摩擦减至最低限度，大的负载用较小气力就可以运送了。沉重的东西，以前是'不能动的'，现在可以由人力或畜力来移动了。"[1] 最初的车轮应该是非常简陋的，人们由圆木衬垫在体积较大的石板或爬犁式工具下可以搬运重物受到启发，经过很长时间的改进，将圆木切成片状后固定安装在车轴（圆木）上，与车轴一起转动，以后又增加了车舆（车厢），以装载货物或人。

考古界最早发现的轮子年代可以追溯到中东两河流域的美索不达米亚文明时期（约公元前 3500 年至公元前 3100 年）。那时候的车轮是实心的，通常用三块木板拼凑而成，木板之间还需要用横木来加固[2]。在瑞士发现了三只实心木轮，考古学家研究判断约为公元前 3000 年早期的产物，直径在 65 ～ 68 厘米之间。这种车轮最大的特征是，车轮正中有个正方形的小孔；车轴两端为正方形、轴身为圆形，车轴两端能插入轮子中心正方形孔中，这样车轮可与车轴共同转动。每个车轮用三块约 5 厘米厚的木板拼成，之后在车轮正面凿出一条横向贯穿这三块木板的楔形沟槽，再将宽厚相等的木条安入槽中固定在一起[3]。当然这时候，实心车轮是没有车毂的（图 1-3）。在乌克兰和南俄草原发现的

① [德] Julius E. 利普斯著，汪宁生译：《事物的起源》，敦煌文艺出版社 2000 年版，第 182 页。

② 李国豪：《中国科技史探索》，上海古籍出版社 1986 年版，第 453 页。

③ 龚缨晏：《车子的演进与传播——兼论中国古代马车的起源问题》，《浙江大学学报》（人文社会科学版）2003 年第 3 期，第 22 页。

图 1-3　无毂车　图片来源：布林特古斯《蒙古族民俗百科全书》

公元前 4000 年晚期到公元前 2000 年早期的古墓当中也挖掘出有实心车轮的车辆。车轮有的是用一整块木板做成，车轮中心的孔是圆形而不是正方形的，圆孔周围有突起的车毂，车轴是固定不动的，车轮套在车轴上转动。[①] 学者龚缨晏认为在欧亚大陆上的早期车轮可分为两个不同种类：一种是车轮与车轴固定在一起共同转动，车轮中心有正方形孔；另一种是车轮被安装在车轴上转动，车轴自身被固定在车底下不动，车轮中心是圆形孔。[②] 再后来人们改进车轮和车轴之间的衔接，发明了车毂，并把车毂中心部分凿空，交叉部分慢慢越凿越薄，到青铜时代时创造出了车辐。[③] 车被发明以后，"车轮不断得到改进，开始是密实状圆板，为了防止压裂，后来有了辐条，开始阶段，辐条的根数不多，后来越来越多"[④]。

在此基础上，勒勒车逐渐经过实心无毂车——实心有毂车——有轴车等几个阶段的改造发展，形成当今的形状。

被誉为"中国岩画学之父"的著名考古学家、岩画学家盖山林认为人类发明车轮很可能受到"圆"的启发，"'圆'的概念是新石器时代的产物，车轮和制陶用的圆轮是圆的概念的真正始祖，也只有在人工制造出来的圆轮中，人类才能真正体验到它的无穷尽。"[⑤] 车轮的创造对后来各种轮式交通运输工具的制造奠定了基础。最先出现的应该是由人推的单（独）轮车，之后逐渐发展成为双轮车、三轮车和四轮车等。

关于古车的起源地问题，到目前为止国内外学者持有不同的观点，支持欧洲起源说的学者普遍认为车辆可能最早出现在两河流域、高加索地区、黑海北岸、中欧地区的某一区域，尔后传播到了其邻近地区[⑥]。支持亚洲起源说的大部分学者认为车辆起源于青铜时代，然而在起源具体时间上还没有达成一致的观点。学者朱狄在其《信仰时代的文明：中西文化的趋同与差异》中提到

① 龚缨晏：《车子的演进与传播——兼论中国古代马车的起源问题》，《浙江大学学报》（人文社会科学版）2003 年第 3 期，第 23 页。
② 龚缨晏：《车子的演进与传播——兼论中国古代马车的起源问题》，《浙江大学学报》（人文社会科学版）2003 年第 3 期，第 23 页。
③ ［德］Julius E. 利普斯著，汪宁生译：《事物的起源》，敦煌文艺出版社 2000 年版，第 183 页。
④ 盖山林：《盖山林文集》，黑龙江教育出版社 1995 年版，第 85-86 页。
⑤ 盖山林、盖志浩：《内蒙古岩画的文化解读》，北京图书馆出版社 2002 年版，第 369 页。
⑥ 特日根巴雅尔：《岩画所见古代游牧民族车形—以中亚地区 152 组车辆图形岩画为例》，内蒙古师范大学硕士学位论文，2018 年。

"有人推测车轮是在公元前 4000 年时，由撒玛利亚人（Samrians）发明出来的。关于车的最早记录是约在公元前 3500 年，由撒玛利亚一位会计师所绘制。……是一辆殡仪车，样子甚为古怪，车架前段翘得很高，很像旧时的那种溜冰鞋，这表示它很可能是紧接着撬而发展出来的新产物。"[①] 再比如支持考古学家戈登·柴尔德（Childe, Vere Gordon, 1892—1957）"一元中心说"的大多数学者赞同"轮式交通工具在公元前第四千纪晚期发明于西亚，而在公元前第三千纪从西亚传播到次生文明区：高加索、兴都斯坦（Hidustan）西北部、东南欧和南俄草原"[②] 的观点，认为在底格里斯河和幼发拉底河两河流域之间的美索不达米亚（今伊拉克境内）生存的苏美尔王朝（公元前 4000 年—公元前 1750 年）乌尔王陵的旗柱上发现的四匹马拉的四轮车图形是目前为止发现的最早的车辆图案。"公元前 3000 年时，埃及、美索不达米亚和叙利亚都已普遍使用双轮车、四轮车甚至战车。印度河流域在公元前 2500 年开始使用双轮车。"[③]

　　中国也是使用车辆最早的国家之一，考古学家发现的最早的实物马车是商代时期的商代曲衡，1987 年从河南安阳郭家庄 52 号墓发掘而出，距今已有三千多年的历史。"最能说明我国青铜时代车辆情况的，是殷代的各种车马葬。"[④] 然而在古代文献中记载的中国发明的古车更早。《古史考》中记载"黄帝作车，引重致远"，将车的发明上溯至黄帝时代。黄帝号"轩辕氏"，从字义上就体现出车辆的印迹。《山海经》《墨子》《荀子》《吕氏春秋》《左传》《世卒》等文献中记载的"奚仲作车"，已经是夏代前后了。虽然这些文献当中记载的传说故事无法提供确凿的科学意义上的论证，但也可以表明车在我国已存在很长时间了（图 1-4）。

　　从中国文字史上看，在最古老的文字殷商时代的甲骨文和稍

① 朱狄：《信仰时代的文明：中西文化的趋同与差异》，中国青年出版社 1999 年版，第 164 页。

② [俄] 叶莲娜·伊菲莫夫纳·库兹米娜著，[美] 梅维恒英文编译，李春长译：《丝绸之路史前史》，科学出版社 2015 年版，第 26 页。

③ 盖山林、盖志浩：《内蒙古岩画的文化解读》，北京图书馆出版社 2002 年版，第 374 页。

④ 盖山林、盖志浩：《内蒙古岩画的文化解读》，北京图书馆出版社 2002 年版，第 376 页。

图1-4　汉代时期的马车青铜器　鄂尔多斯市杭锦旗出土

后铸造在青铜器上的铭文金文（或吉金文字）中也出现了"车"字。学者盖山林通过将甲骨文的"车"字和在中国、中亚等地区车辆岩画进行对比研究后发现，这些地区车辆岩画的形象与甲骨文中的"车"字十分相似，这"不仅可以说明岩画车形的时代，而且说明广泛分布于中国北方草原的车辆的形制与殷商的车形大体是一致的。"[①]

　　轮式交通工具的使用极大地促进了农耕文化和游牧文化的形成和发展，也前所未有地深化了边远地区之间的文化联系，加速了思想的传播，从而导致了大的历史性变革。[②]当然在车辆的起源上有"亚洲起源""欧洲起源"和各自独立发明等有不同的观点，但这并不是说整个世界是"闭门造车"互不联系的，"事实上，造车不但有早晚之别，也并不排除有效仿的一面。"[③]

## 第二节　中国古代北方游牧民族车具

　　相比在欧亚草原上的其他国家，我国北方地区游牧民族使用车辆较晚。春秋时期，游牧民族北狄已会骑马，而车的使用却是较晚时期的事情。公元前714年（隐公九年），北戎侵郑，郑庄

① 盖山林、盖志浩：《内蒙古岩画的文化解读》，北京图书馆出版社2002年版，第377页。

② ［俄］叶莲娜·伊菲莫夫纳·库兹米娜著、［美］梅维恒英文编译、李春长译：《丝绸之路史前史》，科学出版社2015年版，第26页。

③ 盖山林、盖志浩：《内蒙古岩画的文化解读》，北京图书馆出版社2002年版，第377页。

公说："彼徒我车，惧其侵轶我也。"又《左传·昭公元年》载公元前592年，"晋荀吴败无终及群狄于大原。"晋国魏舒说："彼徒我车，所遇又阨，请皆卒。"相关学者认为以上两件事能反映春秋时期中原地区已普遍使用战车，而这时北狄作战尚不用车。"这大概暗示中原地区造车业比北方游牧民族较早。"[①]

肥沃的北方草原孕育了匈奴、乌桓、鲜卑、柔然、突厥、契丹等游牧民族。他们或雄踞北方或逐鹿中原，在历史的长河中跌宕起伏，几经沧桑，创造了特色鲜明的游牧文化。学者认为北方草原游牧民族当中斯基泰人应该是最早使用车辆的，在距今2200年前，居住在阿尔泰山一带的斯基泰人就已经使用车身高3米以上的高轮车。[②] 在历史的漫长进程中，车在北方游牧民族的行进中有过"高车""奚车""轠（léi）轠车""罗罗车""轱辘车""哈萨克车"等不同的称呼。

据考古学家考证，公元前2000年至公元前800年之间就已有车辆，中国北方古代车辆的起源可追溯至战国秦汉之际的匈奴时期[③]。匈奴被史学界称之为中国北方游牧民族的先祖之一，在大漠南北活跃了300余年，创造了极具特色和灿烂的草原游牧文化。[④]"匈奴"一词最早出现在我国史书《史记·秦本纪》当中，公元前318年（周慎靓王三年、秦惠文王更元七年）"韩、赵、魏、燕、齐师匈奴共攻秦。"在西汉史学家刘向的《说苑·君道》中也有公元前312年"匈奴驱驰楼烦之下"的记载。匈奴创造的游牧文化均被之后的其他北方民族不同程度、不同方式或不同层次地继承下来。车辆也不例外，一些相关历史文献中明确记载着游牧民族车具的相关内容，如西汉司马迁的《史记·匈奴列传》中有相关车具运用在战事、运输的内容。桓宽的《盐铁论·散不足》中亦载"胡车（匈奴车）相随而鸣（图1-5）。"东汉班固的《汉书·扬雄传》中记载匈奴人有"輤輬"，即"匈奴车也"。

① 盖山林、盖志浩：《内蒙古岩画的文化解读》，北京图书馆出版社2002年版，第377页。

② 盖山林：《蒙古族文物与考古研究》，辽宁民族出版社1999年版，第128页。

③ 刘馨、高晓霞：《中国北方少数民族传统车具初步研究》，《内蒙古农业大学学报》（社会科学版）2016年第2期，第144页。

④ 安英、苏明明：《论匈奴与北方草原游牧文化》，《内蒙古艺术》2013年第1期，第71页。

图 1-5　胡人驭车图（陕西阿史那忠墓壁画）　图片来源：《中国出土壁画全集（7）》第 246 页

永和三年（公元 138 年），汉兵在常山、中山（今冀西北一带）击败南匈奴，"获穹庐车重千余辆"。又公元 134 年，汉兵在车师前国（今新疆吐鲁番）附近的间吾陆谷（今新疆博格多山）掩击匈奴，也虏获车千余辆等。这说明到了秦汉时期，匈奴已有比较发达的造车技术。内蒙古白治区巴彦淖尔市磴口县托林沟长斯特罗盖山上有一幅岩画，上面"凿刻了一辆车，车由辕、轮、舆、轴构成，轮辐清楚（图 1-6）。两轮轮辐稍有差异，右轮辐条八根。舆作圆形，其前有单辕。辕左、右两侧各有一匹马。左上方有一个身略后倾的人，手执长弓。前方一只竖耳翘尾的狗。猎人两旁有北山羊各一只。马车可能与行猎有关，作为运载猎获物之用。"[1]

在《汉书·匈奴传》中记载匈奴管辖地区张掖郡（今甘肃省张掖县一带）生长各种木材，逐渐变成匈奴诸王专门制作穹庐

[1] 盖山林：《阴山岩画》，文物出版社 1986 年版，第 269 页。

图1-6　内蒙古自治区巴彦淖尔市磴口县托林沟岩画——马车与狩猎　图片来源：盖山林《阴山岩画》第273页

及车辆的工场之一。[1]

　　北齐人魏收编著的《魏书》中记载了内蒙古草原西部居住的铁勒人（或敕勒部落）的生活，即"其迁徙随水草，衣皮食肉，牛羊畜产尽与蠕蠕同。唯车轮高大，辐数至多"[2]，因而铁勒人被称为"高车人"（或"高车部"）。这里提到的"蠕蠕"，是北方游牧部落之一"柔然"，他们也普遍使用与铁勒人相近的车辆。"高车，盖古赤狄之余种业，初号为狄历，北方以为敕勒，诸夏以为高车、丁零。其语略与匈奴同而时有小异，或云其先匈奴之甥也。"[3]（图1-7）

　　在阿尔泰山、杭爱山、阴山一带发现的车辆岩画中，车辐数量在10～16根。[4]一些研究者认为这种"高车"就是当今我们所说的"勒勒车"的前身。[5]《魏书》（卷二）中记载，公元399年3月底，北魏骠骑大将军卫王拓跋仪（元仪）率领三万骑兵，另从西北横渡沙漠一千多里，击破高车其余的七个部落，俘获二万余人，马五万多匹，牛羊二十多万头，大车二十多万辆。

[1] 林干：《匈奴史》，内蒙古人民出版社1976年版，第9页。

[2] 魏收：《魏书》，中华书局1974年版，第2308页。

[3] 魏收：《魏书》，中华书局1974年版，第2307页。

[4] 盖山林：《阴山岩画》，文物出版社1986年版，第23页。

[5] 德红英：《达斡尔族木轮车的民俗研究》，中央民族大学硕士学位论文，2006年。

图1-7 车马人物青铜牌<sup>①</sup> 内蒙古赤峰市翁牛特旗出土

北魏太武帝拓跋焘在公元 428—430 年之间，北伐蠕蠕时归附的高车东部和先前投降归附的高车部落迁徙安置在漠南，从而高车变"乘高车，逐水草，畜牧蕃息，数年之后，渐知粒食，岁致献贡，由是国家马及牛羊逐至于贱，毡皮委积。"<sup>②</sup>（图1-8）

① 夏家店上层文化作品，该牌内容为乌桓人驾车情景。

② 魏收：《魏书》，中华书局 1974 年版，第 2309 页。

图1-8 高轮车（辽代，内蒙古库伦旗出土） 图片来源：《中国出土壁画全集（内蒙古）》第 192 页

北宋《文苑英华》中提到北宋打败中国北方游牧民族奚人时俘获奚车数百辆。学界一般认为"奚人"和"契丹"同源于鲜卑宇文部，沈括也在《熙宁使虏图抄》中提到"奚人业伐山、陆种斫车。契丹之车，皆资于奚。"[①] "奚车因产于奚地而得名，以高轮、长毂、驾驼闻名于草原民族，且契丹与奚又有着深厚的历史渊源。二者同属东胡，最初居于漠北，后来为匈奴所破。北魏时拓跋珪再次大破二族，契丹居于潢水之东，奚则居于潢水西。唐末契丹壮大时奚族为其役属，后又被契丹征服。"[②] 在《熙宁使虏图抄》中也提到"车工所聚，曰打造馆。其辎车之制如中国，后广前杀而无殷，材俭易败，不能任重而利于行山。长毂广轮，轮之牙其厚不能四寸，而辐之材不能五寸。其乘车，驾之以驼，上施幰，惟富者加毡幰文绣之饰"[③]。学者冯恩学将辽墓壁画中的车依形制不同分为三类，即轿形车、筒篷车、附加凉棚车[④]。因而我们可以推测契丹人或奚人时期的古代车辆不仅种类较多，而且工艺也达到了较高的水准，并且对后来北方草原车辆

① [北宋] 沈括：《熙宁使虏图抄》，见赵永春编：《奉使辽金行程录》，吉林文史出版社1995年版，第86页。

② 宋佳：《试析契丹驼车起源》，《东北史地》2012年第3期，第39-40页。

③ 贾敬颜：《五代宋金元人边疆行记十三种疏证稿》，中华书局2004年版，第130-131页。

④ 冯恩学：《辽墓壁画中的车》，知识出版社1998年版，第397-401页。

图1-9　牛车、马车（东汉时期，鄂托克旗凤凰山1号墓出土）图片来源：《中国出土壁画全集（内蒙古）》

的发展做出了重要的贡献。同时，这时候北方草原各部落已经与中原有了各方面的交流交往，"奚车有些是从中原汉地引入，或由辽地汉人制造的，但大部分是辽地的奚人、渤海人和契丹人自治制造。其既有承袭匈奴、高车、乌桓等族的穹庐成分，又有模仿汉式取自中原的构造，相容民族和地域的特色。"①（图1-9）

在《大金国志》中记载女真人在节庆或宴会之时"以酒撰往，少者十余车，多者至十倍。"在他们建立金朝后车辆的使用有了明文规定，《金史·舆服志》中记述了官吏、贵族、庶人等不同阶级的人群所使用车辆的规定。当元朝统一中国之后，除了生活必需品，车辆成为重要的战略物资，各类性能优良的车辆也逐渐增多。

国际岩画委员会（International Committee on Rock Art）统计，在全世界范围内已入档的3500万幅岩画中，涉及车辆的岩画数量极少。除了南非的锡特勒斯达尔（Citrusdal）、阿尔及利亚的阿尔及尔（Algiers）、意大利的梵尔卡莫尼卡（Val Camonica）地区的少数车辆岩画外，其余的300多幅岩画都分布在里海（Caspian Sea）至大兴安岭的中亚地区。其中蒙古高原地区分布的岩画就有近70幅②。这表明了车辆在北方游牧民族生产生活中的重要性。

从上述内容上看，车辆在北方游牧民族生产生活当中占据着重要位置。我们也可以从侧面总结出车辆在北方游牧地带被创造并发展的原因。一是为了满足运输和交通需求。在蒙古高原或草原地带生存的游牧民族为了保障家畜的水草充足，经常迁徙，他们随水草而迁徙，毡房和日常使用物品也需要用车运输。另外当时社会还处于战乱时期，车辆还充当战略物资。二是为了满足居住需求。当时蒙古游牧民族经常迁徙，因而方便来回搬迁的房车（即"格日·特日格"）成为首选，成为贵族们的居室。十三世

① 张国庆：《辽代社会史研究》，中国社会科学出版社2006年版，第209页。

② 特日根巴雅尔：《岩画所见古代游牧民族车形——以中亚地区152组车辆图形岩画为例》，内蒙古师范大学硕士学位论文，2018年。

纪欧洲传教士鲁布鲁克在其《鲁布鲁克东行纪》中描述了"格日·特日格"："他们把这些屋舍造得很大，有时宽为三十英尺。我有次亲自测量一辆车的轮距为二十英尺，当把房舍放在车上时，它在轮的每侧至少伸出五英尺。我估算一下，每辆车用二十二头牛拉一所屋，十一头和车并行，另十一头走在前头。车轴粗若船桅，并且有个人站在车上房门口，驱赶着牛群。"① 普通牧民也是将毡房拆卸下来，装在车上迁徙。三是为了满足围营需求。当时游牧民族的社会结构生产和军事兼并②，车辆在征战当中充当围营工具。"古列延"游牧方式是古代蒙古族的生产组织，在《蒙古秘史》和《史集》当中把它解释为"圈子"和"营"，意为"一个游牧氏族或部落从此地迁徙到彼地驻营时，把居住的蒙古包与幌车安扎成环形。"③ 氏族或者部落酋长的毡帐安扎在圈子的正中央。拉施特在其《史集》中记载"古列延的含义如下：许多帐幕在原野上围成一个圈子驻扎下来，它们就被称为一个古列延。当时将这样环列的一千帐幕，算作一古列延。"④ 古列延还有一个含义是军事组织，是"以车辆作战之障垒"。比如蒙古族历史上著名的十三翼之战中，铁木真和扎木合各组织了十三个古列延对战。

## 第三节　勒勒车历史沿革

　　关于勒勒车在蒙古族出现的具体时间，学术界目前还没有统一的观点。但从《蒙古秘史》《史集》等历史文献中可以推测，勒勒车最起码在公元 10 世纪前已经在蒙古族日常生活当中普及。⑤

　　在古代，蒙古诸部族分为"毡帐百姓"和"林中百姓"。"毡帐百姓"主要从事畜牧业，"林中百姓"以渔猎为生并且善于制作橇等木质工具。拉施特在其《史集》中这样记载森林兀

①［意］柏朗嘉宾、［法］鲁布鲁克著，［法］贝凯、韩百诗、［美］柔克义译注，耿昇、何高济译：《柏朗嘉宾蒙古行纪·鲁布鲁克东行纪》，商务印书馆、中国旅游出版社 2018 年版，第 202 页。

②邢莉：《游牧中国：一种北方的生活态度》，新世界出版社 2006 年版，第 180 页。

③波·少布：《古列延游牧方式的演变》，《黑龙江民族丛刊》，1996 年第三期（总第四十六期），第 72 页。

④［波斯］拉施特主编，余大钧、周建奇译：《史集》（第一卷　第二分册），商务印书馆 2017 年版，第 19—20 页。

⑤达·迈达尔、拉·达力苏荣：《蒙古包》，内蒙古文化出版社 1987 年版，第 154 页。

良合惕部落："他们获得这个名称是因为他们的禹儿惕在森林中。……在迁徙时，他们用山牛驮载，而且从不走出森林。……他们制造一种叫做察纳的特别板子，站立在那板上；用皮带做成缰绳，将它拴在板的前端，然后手拿着棒，以棒撑地，滑行于雪面上，有如水上行舟。他们就这样用察纳（滑雪板）驰逐于原野上下，追杀山牛等动物。除自己踏着的察纳外，他们还拖着连接起来的另一些滑雪板走，他们将打杀的野兽放在上面 。即使放上两、三千曼（重荷），花不了多大力气就可以轻快地行走在雪层上。"①

　　随着社会生产不断进步和人们生活方式变化，人们对生产效率也不断提出新要求，人们通过运用雪橇的经验，制造了能套驯好的马、牛、骆驼的工具——Bolohai（蒙古语，意为爬犁）（图1-10）。爬犁是用两根木杆制作的简易运输工具，通常是把桦木或松木等硬质木材按使用尺寸截断后，根据运输货物的载量将木杆细段固定在牛、马后鞯或攀胸，把粗段部分修剪成钩形或弧形并打孔放置货物运输。然后在两个木杆的孔里打入销子并用横木连接装载货物。

① ［波斯］拉施特主编，余大钧、周建奇译：《史集》（第一卷 第一分册），商务印书馆1997年版，第202–203页。

图1-10　爬犁　图片来源：达·迈达尔《蒙古包》

由于平原、戈壁以及山岭等自然环境的不同，人们制作的爬犁种类也变得多样。但这种爬犁只适合特定环境，不太适合长期迁徙的游牧生活方式，因而人类在长期的生产生活当中结合舟、筏（皮筏、木筏）、雪橇、爬犁的制作技艺，逐渐创造了有轮子的工具。

另，在 13～14 世纪东西方旅行家的游记中也多次提及蒙古人使用车辆的情况。如李志常《长春真人西游记》中，丘处机一行在贝加尔湖地区记录蒙古族婚礼场景时提到"五百里内首领皆载马涌助之。皂车毡帐成列逶千"。《出使蒙古记》中较为详细记录了当时蒙古车辆的构造、功能、数量、摆放位置及赶车方法等。在拜访拔都汗时看见，一个富有的蒙古人会拥有一二百辆箱车，"因为土地平坦，一个妇女要管二十或三十辆车。他们把牛车或驼车一辆辆连接起来，同时有一个妇女坐在头一辆上赶着牛，其他的用同样的步调跟在后面。倘若他们碰上坏的道路，那他们把车辆解开，一辆辆通过。所以他们行进缓慢，好像牛羊在行走"[1]。拔都汗的妻妾很多，"每个都有一所大住宅，尚有其他安置在大住宅后面的小住宅，它们像小房间，其中住着做针线活的妇女，足足有二百辆车跟随着这些（大）住宅"。[2] 在描述箱车的结构和摆放位置时，记载"他们把细枝编织成方形大箱，上面加上一个也用细枝编成的盖子，整个儿盖严，正面开一扇小门。然后他们用被牛脂或羊奶涂抹过的黑毡，把这个箱子，也就是小房屋遮起来，这样可以防止漏雨，而且他们同样用五彩图案进行装饰。所有的卧具和贵重物品，都被放进这类箱子里，再给紧紧系在骆驼拉的大车上，以便过河（不会打湿）。这种箱子他们从不取下车来。"箱车安置时"排列在（主帐幕）两边，距离帐幕半掷石之远，因帐幕坐落在两排车子之间，仿佛是坐落在两道墙之间一样。"[3]《马可波罗游记》中记载鞑靼人的游牧生活

① ［英］道森编，吕浦译，周良宵注：《出使蒙古记》，中国社会科学出版社 1983 年版，第 190 页。

② ［意］柏朗嘉宾、［法］鲁布鲁克著，［法］贝凯、韩百诗、［美］柔克义译注，耿昇、何高济译：《柏朗嘉宾蒙古行纪·鲁布鲁克东行纪》，商务印书馆、中国旅游出版社 2018 年版，第 190 页。

③ ［英］道森编，吕浦译，周良宵注《出使蒙古记》，中国社会科学出版社 1983 年版，第 112-113 页。

方式时提到"四轮车"和用黑毡子盖着的"两轮车"。[1]

除文献以外，岩画也是车辆文化发展历程的重要证据（图1-11、图1-12、图1-13）。如锡林郭勒盟发现的众多岩画当中有35个相关"车辆岩画的单体，单辕车21辆，车轮有8个，双辕车为5辆，1辆不确定其类型。"[2] 蒙古国戈壁阿尔泰省巴彦乌拉苏木（Lovongiin nuruuny Ikh Berkh）的岩画上有两辆车，车辆均为篷车，役畜均为牛。[3] 这些岩画证明蒙古高原上生活的众多民族——蒙古族较好地掌握了车辆的制作和使用。

① 李季译：《马可波罗游记》，上海亚东图书馆1936年版，第94-95页。

② 王晓琨：《无问东西——锡林郭勒考古所见的文化交流与互动》，中国社会科学出版社2022年版，第76页。

③ H. Батболд: *Монголын хадны зураг*, 2016, p. 255.

图1-11 车轮岩画
乌拉特中旗博物馆

图1-12 箱车（内蒙古自治区苏尼特左旗）图片来源：《苏尼特岩画》

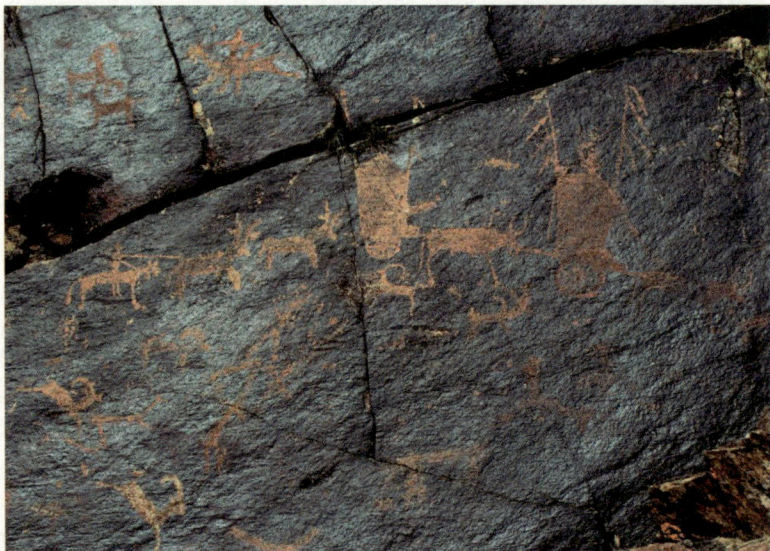

图 1-13　蒙古国车辆岩画　图片来源：《蒙古岩画》（*Монголын хадны зураг*）

　　在分析勒勒车的构造和制作过程之前，首先有必要弄清"勒勒车"这一名称的来历。"勒勒车"作为一个词语，不是从蒙古语直译或音译为汉语的，一些研究者、媒体人认为"勒勒"是驭手吆喝役畜的声音，但蒙古语中没有这种口令。蒙古族牧业生产习俗中驾驭牲口的口令因畜类不同而不同，比如召唤家畜时，马叫"嘟瑞、嘟瑞"（do-rui）、"咕瑞、咕瑞"（go-rui）；牛叫"唔卟、唔卟"（uu-b）；骆驼叫"嘲尔、嘲尔"（choor）、"嘟嘻、嘟嘻"（du-shi）；绵羊叫"佗、佗"（tuo-tuo）；山羊叫"叽咀"（ji-ju）、"嘟嚅、嘟嚅"（do-ro）等。驱赶牲畜时，马叫"楚呼、楚呼"（chu-h）、"呼咦、哈咦"（hu-yi, ha-yi）；牛叫"呼喝、楚呼"（hu-h, chu-h）、"呼咯、呼咯"（hu-g）、"哈咦"（ha-yi）；骆驼叫"呼咯、楚"（hu-g, chu）；绵羊叫"楚呼、楚呼"（chu-h）；山羊叫"嘲楚、嘲楚"（chao-chu），等等 [1]。因而"勒勒车"一词从吆喝役畜口令变化而来这一说法有待考证，或

①扎·玛克斯尔扎布、赛音吉日嘎拉：《鄂尔多斯民俗》（蒙古文），内蒙古科学技术出版社 2014 年版，第 106 页。

者可以说这是没有根据。

还有人认为"勒勒车"是蒙古语车辆的汉语音译。但是现今在蒙古语中将"勒勒车"称为"乌克尔·特日格"或"哈萨克·特日格"。"乌克尔"为牛,"特日格"泛指各种车辆,"乌克尔·特日格"就是牛车之意。蒙古族三大历史巨著之一的《蒙古秘史》是研究蒙古族早期历史、社会、风俗、语言文学的宝贵资料。在《四部丛刊三编》影印顾广圻校本的《蒙古秘史》中相关"车"的词就出现了 42 次。同时出现了"合剌兀台·帖儿格(黑篷车)、合撒黑·帖儿坚(哈撒克·帖日格)、完勒只格台·帖儿坚(高轮车)、农合速秃·帖儿坚(羊毛车)、格儿·帖儿格(房车)、搠斡儿合台·帖儿格(有锁车)、腾吉思格台·帖儿格(有轴车)、乞鲁古台·帖儿坚(双辕车)、帖木儿·帖列格(铁车)"等不同车辆名称及"完只格(篷)、赤兀(锁)、迭别格(缰绳)、客客孙(辐条)、迭惕抽(打造)、多牙速(修理)"①等车辆不同构成部分的名称和造车工艺方面的词语。如今内蒙古自治区鄂尔多斯市和巴彦淖尔市的杭锦部落就是工匠出身。"杭锦"一词是从突厥语"康里"演化而来,意为"车子"。《史集》记载他们"私自造了一些车子,将虏获物载在车上……(突厥语称车子为'康里')"②,后逐渐融入蒙古部落。从这里我们可以看出公元 13 世纪左右蒙古族先民已经有了较为系统的造车技术。同时还说明关于"特日格"的"帖儿坚""帖儿格""帖列格"等古今蒙古语发音也与"勒勒车"这一汉语名称没有关联,"勒勒车"也并不是从蒙古语音译而来的。

关于"勒勒车"这一汉语名词的形成和使用,到目前很少有学者进行系统的研究。清华大学李兵和内蒙古师范大学赛吉拉胡在他们的《"勒勒车"名称及其内涵的现代变迁考略》一文中做了比较翔实的分析。他们认为"勒勒车"这一名称来源于其在行

① 乌兰、朝格都那仁编:《元朝秘史》版本丛刊,内蒙古文化出版社 2017 年版。

② [波斯]拉施特主编,余大钧、周建奇译:《史集》(第一卷　第一分册),商务印书馆 1997 年版,第 136 页。

① 李兵、赛吉拉胡：《"勒勒车"名称及其内涵的现代变迁考略》，《工程研究—跨学科视野中的工程》2021 年 9 期。

② 东北文化社编印处：《东北年鉴》，东北文化社 1931 年版，第 1093 页。

③ ［清］西清：《黑龙江外记》，黑龙江人民出版社 1984 年版，第 45 页。

④ 程廷桓修，张家璠纂：《呼伦贝尔志略》，上海太平洋印刷公司 1924 年版。

⑤ 万福麟修，张伯英等纂：《民国黑龙江志稿》卷六《地理篇》，1933 年版，第 27 页。

⑥ 花楞编：《内蒙古纪要》，北京共和印刷局 1916 年版，第 133—134 页。

驶过程中轮子和车轴摩擦而发出的声音①。该论文中提到"勒勒车"这一名称最早出现在民国时期《东北年鉴》中："牛车（即'勒勒车'）、二百一十辆、一百六十元"②。在清代满族学者西清的著作《黑龙江外记》当中，记载着关于"辘辘车"的内容："达呼尔随意造辘辘车，轮不求甚圆，辕不求甚直，轴径如橡，而载重致远，不资毂輠，惟山路崎岖，防损折，动以釜凿随之。辘辘车，牛曳之，一童子尝御三五辆，载粮草类。然富者乘之，以毡毳为盖，蔽风雪，间亦用桦皮，式如棺，号桦皮车，布特哈多此物。近乃有厌其朴野，购太平车于京师者，齐齐哈尔尤甚。"③除此之外民国时期程廷桓修、张家璠所纂的《呼伦贝尔志略》和万福麟修、张伯英等纂的《民国黑龙江志稿》都有"辘辘车"的记载。前者记载"蒙人载重致远，驼、马而外，有达呼尔所制之一种'车'，又名'辘轳车'，亦曰'大毂轮车'"④后者在第六卷地理篇"风俗"部"器用"内容中专门描述"辘辘车"，即"土著各部民所造之车，曰辘辘车，轮不甚圆，辕不甚直，轴毂均以桦木为之。亦能载重致远，泥草之中亦可通过，无颠覆之虞，因其质轻故耳。惟山路崎岖，则易折损，以斧随之，随时随修。驾之以牛，亦曰牛车。一童子常驭三五辆。"⑤

在民国学者花楞所编著的《内蒙古纪要》中以"辘轳车"的名称记载内蒙古车辆，其中在第三篇"人文地理"的"陆运"部分记载内蒙古的"运输事业，各依地方道路之情形，略有不同，其种类概括如次：大车、轿车、牛车、一轮车、驮子、人夫。大车因构造大小，而有头大车、二大车二种，主用于开拓地方，农产物、商货赖以运搬者。车载之重量在五百斤至千斤间。无论如何难路得已通过。……牛车专用于游牧地方，有大小二种：载重五六百斤，挽以一牛，汉人谓之白色车；载重二三百斤，挽以一牛，汉人称之辘轳车。"⑥同时，也阐述牛车是"专用于游牧地方，有大小二种：载重五六百斤，挽以二或三头之牛，汉人谓之为白色车；载重二三百斤，挽以一牛，汉人称之轱辘车。"①书中也对轿车、手车（即一轮车）进行了阐述。

在民国学者徐珂编著的《清稗类钞》"舟车类"中载："柴车出蒙古，取材于山，不加雕刻，略具轮辕，以牛驾之，行则鸦轧有声，如小舟之欸乃然。"②此处提到的柴车应为"杭盖车"的一种，行驶时会发出摩擦声音。

综上所述，"勒勒车"这一汉语术语先后以"辘辘车""轱辘车""罗罗车"等不同方式进行书写，李兵等认为这些词语的读音相同，"说明他们与同一种声音有关"③，又他们的内容实际上指的是同一种车辆，"只不过在文献中以四种不同的书写形式存在。"④"辘"字在宋本《玉篇》中解释为"卢各切，车转声。"因而"辘辘"是象声词，指车轮转动时与车轴摩擦而发出的声音。由于"辘"书写较为复杂，后来的文人或学者用"罗罗车""轱辘车"等方式来记录。1931 年后"勒勒车"一词才开始常见于汉文文献中，"勒勒很可能是'辘辘'二字的书面变形，内涵实际仍指向车辆行驶时轮轴摩擦发出的声音，'勒勒车'即由此得名。"⑤一开始"勒勒车"主要指内蒙古中东部和黑龙江西部地区蒙古族、达斡尔族等少数民族所使用的传统交通运输工具，后来随着社会文化的变迁，"勒勒车"指代的对象逐渐单一化，专指蒙古族制作和使用的传统运输、交通工具。目前达斡尔族制作的传统车一般被称为"达斡尔车"或"达斡尔大轱辘车"。达斡尔车，达斡尔语称之为"达斡尔·特日格"，从结构式样上大致可以划分为四种类型：普通车、苇箱车、篷车、长辕车。普通车主要用于运送货物。苇箱车是在普通车的基础上加上了遮风挡雪的苇箱，作为代步工具。篷车是在苇箱的上面用柳条支起半圆形的棚架，并加上遮挡阳光和雨雪的苇席或桦树

① 花楞编：《内蒙古纪要》，北京共和印刷局 1916 年版，第 134 页。

② 徐珂编纂：《清稗类钞》（第四十六册），商务印书馆 1917 年版，第 44 页。

③ 李兵、赛吉拉胡：《"勒勒车"名称及其内涵的现代变迁考略》，《工程研究——跨学科视野中的工程》2021 年 9 期。

④ 李兵、赛吉拉胡：《"勒勒车"名称及其内涵的现代变迁考略》，《工程研究——跨学科视野中的工程》2021 年 9 期。

⑤ 李兵、赛吉拉胡：《"勒勒车"名称及其内涵的现代变迁考略》，《工程研究——跨学科视野中的工程》2021 年 9 期。

皮，乘坐更加舒适。 长辕车的车辕长达5米，比普通车的车辕长两米，这种独特的设计构造是为放木排的人们在山里运送长原木而准备的。达斡尔人制造的勒勒车在周边民族中享有极高的声誉，历来被人们所称道。清末民初以后，汽车、火车、轮船在达斡尔地区出现，然而为数不多。传统的交通运输工具在民间仍然在发挥着它的作用。

## 第二章 勒勒车类别及其构造

## 第一节　　勒勒车类别

　　开放性和包容性是游牧文化的重要特点。游牧民族在不同区域之间迁徙时，与周边部族以各种方式进行交流，吸收他族文化的精华，不断充实和完善自身文化，使游牧文化内容变得更加丰富、多元。作为中国北方游牧民族之一，蒙古族延续乌桓、鲜卑、契丹等东胡系统各部落的车具风格，吸收匈奴、敕勒等部族及中原地区的制作车辆技艺，结合自身游牧生活生产方式改进，形成了蒙古族特色的车辆文化（图 2-1）。蒙古族先民在漫长的

图 2-1　乌珠穆沁勒勒车　席银柱摄

图 2-2　牛车陶俑　内蒙古呼和浩特市出土[①]

① 此种牛车与中原地区常见的牛车形状相同，反映了北朝时期北方和中原地区相互交流、交往的情况。

使用车辆过程当中，吸收其他部落和民族车文化元素，制作和使用的车辆衍生出了较多类别（图 2-2）。

作者根据《蒙古秘史》等历史文献和其他学者相关研究成果，根据构造、役畜和用途，将勒勒车分了三个类别。

## 一、 以构造分类

从构造上，按勒勒车的三大部分，即车辕、车轮及车厢的不同可分为以下不同类型。

### （一）以车辕特质分类

按照勒勒车的发展进程中车辕的数量不同，可分为单辕勒勒车和双辕勒勒车。

#### 1. 单辕勒勒车

单辕勒勒车是古代游牧民族早期使用的车辆的一种。在单一车辕的顶部加上特定的车轭后，利用役畜拉动。在蒙古高原分布的众多岩画中，比如巴彦淖尔市磴口县和乌拉特后旗发现的岩画就出现过单辕车辆[②]。直到 20 世纪，在蒙古国肯特省一些地区还保存着单辕车[③]。单辕车根据货物载量制定车轭长短，可役用 2、4、6 头牲畜（图 2-3）。

② 宝·福日来:《蒙古族物质文化》，内蒙古人民出版社 2012 年版，第 502 页。

③ 布林特古斯:《蒙古族民俗百科全书·物质卷》（上册），内蒙古教育出版社 2015 年版，第 259 页。

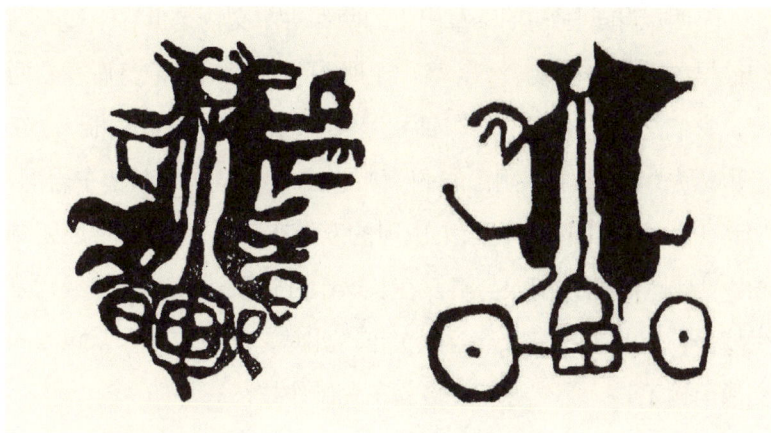

图 2-3 单辕勒勒车岩画 [1]

① 特日根巴雅尔:《岩画所见古代游牧民族车形——以中亚地区 152 组车辆图形岩画为例》,内蒙古师范大学硕士学位论文,2018 年。

### 2.双辕勒勒车

双辕车主要是为了与单辕车区别而命名的。关于蒙古族先人使用双辕车,在《蒙古秘史》第 177 节中以"两个辕子的车"记载。根据车辕的长短不同,役畜也不同,长辕车可役牛、短辕车可役马、骆驼等(图 2-4)。

图 2-4 双辕勒勒车 摄于阿鲁科尔沁

① 王子今：《秦汉交通史稿》，中共中央党校出版社 1994 年版，第19 页。

② 吴镇烽、尚志儒：《陕西凤翔八旗屯秦国墓葬发掘简报》，《文物数据丛刊》1980 年第3 辑，第74 页。

③ 王子今：《阴山岩画古车图像与早期草原交通》，《文博》2008 年第6 期，第3—11 页。

④ 布林特古斯：《蒙古族民俗百科全书·物质卷》（上册），内蒙古教育出版社 2015 年版，第259 页。

陕西凤翔战国初期秦墓出土的两件牛车文物是世界上迄今已知最早的双辕车实物资料。①出土时陶制车轮位于牛身后左右两侧，它们之间还有车辕、车轴和车舆等，而且车辕是两根。②在盖山林先生的著作《阴山岩画》中也出现了早期的双辕车岩画，学者王子今认为阴山岩画上出现的双辕车应该为秦汉时期所刻画。③战国时期，匈奴与秦汉在长城附近边战边和，虽然经常发生战争，但都不愿意放弃互通关市。此时，车也成为非常重要的交通运输工具，必然会相互借鉴车辆制作技艺。

### （二）以车轮特质分类

蒙古国学者策·达木丁苏荣认为："整体上勒勒车有两个根本的区别。在山地丘陵地区通常使用以车轴转动的车，在平原戈壁地区通常使用以轮转动的车。"④在这两种分类基础上，也可以依据不同地区的不同使用方法和称呼进行进一步分类。按勒勒车的车轮，或者车轴的特征，大致可分为哈萨克车、杭盖车和铁车。

### 1. 哈萨克车

在《蒙古秘史》第 64 节记载的德薛禅与也速该的交流中出现了"合撒黑·帖儿坚"，其就是我们目前所说的"哈萨克车"的别称。研究者认为诸部落当中，弘吉剌部使用哈萨克车（图2-5）。这种车辆起初是公元前 7 世纪前后居于里海附近的塞种人（Saka）使用的高车，与公元 20 世纪前期所使用的哈萨克车不同。历史上居住在里海（Kaspian）东南部的塞种人统称为里海塞种人或哈萨克族人，他们所使用的高轮车或哈萨克车便于在山地、丘陵地区行驶。蒙古弘吉剌部的先人在公元前 6 世纪左右生活在贝加尔湖西部地区，毗邻生活在伊犁河流域的塞种人。在长期的交往过程中弘吉剌部也借鉴伊犁河流域塞种人的高轮车技艺，制造和使用了勒勒车。在相关研究成果中我们可以发现，土

图2-5　哈萨克车　图片来源：布林特古斯《蒙古族民俗百科全书》

库曼斯坦、哈萨克、阿富汗、阿拉伯、土耳其、乌兹别克等国家有用驼车送亲的习俗，根据《蒙古秘史》的记载，弘吉剌部也有此习俗。如《蒙古秘史》64节中记载，"……是美貌的女子，坐在大车（哈萨克车）上，驾着黑色骆驼……"[1]。因而公元13世纪的哈萨克车只是临时出行时使用的车辆，不同于20世纪前所使用的载货哈萨克车。[2]

　　用来载货的哈萨克车，一般用马和牛作为役畜。其车轮较宽，车轴较粗，车轮由削扁的木材拼缀而成，与车轴固定在一起同时转动，这也是哈萨克车与其他车辆相区别的地方。

## 2. 杭盖车

　　汉语也称杭盖车为无篷勒勒车。杭盖在蒙古语中为无装饰、无遮盖、单调之意，因而我们可想到杭盖车是无车篷、无牙箱和立柱的、用轮转动的便于装载和卸货的车辆。它通常由双车辕、双车轮、九根横掌、六块辋、十八条辐组成，主要运用在平坦草原地区，载木材、箱子、蒙古包哈那等体积较大货物。（图2-6、图2-7、图2-8）

[1] 策·达木丁苏隆编译，谢再善译：《蒙古秘史》，中华书局1956年版，第41页。

[2] 达·迈达尔、拉·达力苏荣：《蒙古包》，内蒙古文化出版社1987年版，第154-165页。

图 2-6　20 世纪初杭盖车车队　图片来源：刘兆和《蒙古民族毡庐文化》

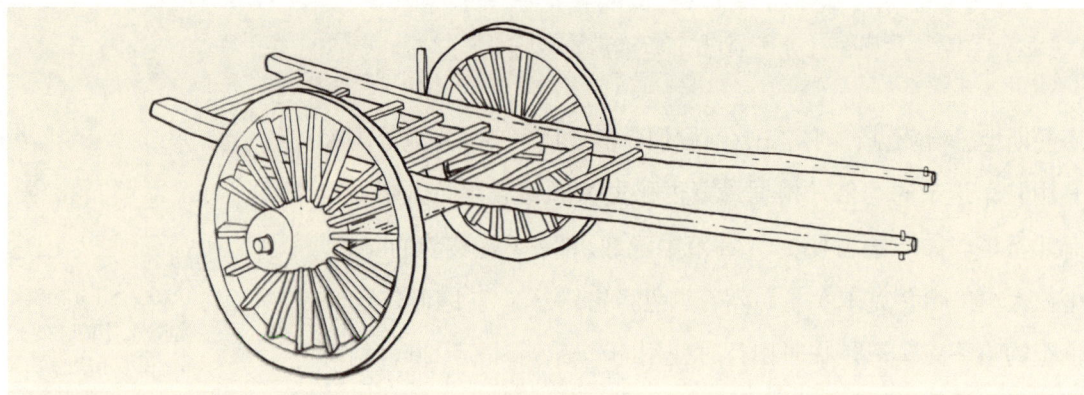

图 2-7　杭盖车手绘图　图片来源：刘兆和《蒙古民族毡庐文化》

图 2-8　杭盖车　图片来源：《图画申报特刊》
1935 年 6 月第 124 期

杭盖车车辕上加立柱后称为货车、加牙箱后称为压箱车。内蒙古中东部地区的巴林等部族也称杭盖车为高吉古尔·特日格（Goojuur-terge，漏斗车）、阿嘎拉金·特日格（Agaljin-terge，蛛网车）。

根据车轮部分的不同杭盖车也可分为亚曼车（Yiman-terge）、温都尔·希日车（Undur shar-terge）、察干车（Chagan-terge）、札然车（Jaran-terge）等类别。

亚曼车以 2 根车辕、8 根车掌、2 个车轮（车轮由两个车辋、18 根辐条组成）装配而成，主要在被积水浸泡水草茂密的泥泞地区和被沙覆盖基本无植被的沙地使用，能够承载 300 kg 左右的货物。

温都尔·希日车主要是在呼伦贝尔蒙古族居住区使用，适用于雪地，车轮较大，仅车辐长度可达 65 厘米，车辋为黑桦木，将 2 根黑桦木折弯制作，车辐根据车轮大小由 18-22 根木条组成，能够承载体积大、重量沉的货物。（图 2-9、图 2-10）

察干车比较轻便。它的特点主要体现在车轮部分。制作时把木材锯成车毂大小，在两边中央凿孔（轴眼）并在车毂凸出部分凿 8 个辐眼。然后在两个弯曲的车辋上平均凿 4 个辐眼，装在辐桦上，即可完成。

图 2-9　温都尔·希日车　图片来源：布林特古斯《蒙古族民俗百科全书》

图 2-10　驼车模型　图片来源：乌拉特中旗博物馆

图 2-11　札然车车毂上的辐
眼　图片来源：布林特古斯
《蒙古族民俗百科全书》

札然车车毂较小，因而在车毂上的辐眼是前后两排交叉打凿。制作时前排辐眼需要有斜度，以便两排车辐在车辋上安装时在一条线上。（图 2-11）

3. 铁车

在《蒙古秘史》第 199 节中提到成吉思汗命速别额台带着铁车去追袭脱黑脱阿的儿子，原文词为"帖木儿·帖列格"，旁译"铁·车子"。在《元朝秘史》[①] 的第 236 节中记载"帖木儿·帖列格秃——篾儿乞人"，说篾儿乞惕部是使用铁车的部族。这也说明公元 13 世纪左右，在蒙古各部落之间的战争中已经使用铁车。

铁车并不是全部都由铁制作，而只是将车辋上部用铁包裹或

①亦邻真，复原：《元朝秘史》（畏吾体蒙古文），内蒙古大学出版社1987年版，第222页。

图 2-12　铁车车轮部分　包秀奇摄

图 2-13　铁车　席银柱摄

将侧面用铁钉钉住，使得车辆更加牢固。《皇元圣武亲征录》中说这是"以铁裹车轮"的车。《史集》记载："他（成吉思汗）下令为军队制造许多大车，牢固地钉以铁钉，使大车不致在石头中间行进时很快就损坏。"（图 2-12、图 2-13）

### （三）以车箱不同分类

根据篷、箱的区别，大致可将勒勒车分为篷车、箱车。

#### 1. 篷车

蒙古语中篷车为冒胡拉格·特日格（Mohlag-terge），为了避免风吹雨打、日晒雨淋而在杭盖车上制作弧顶篷子的车叫篷车（图 2-14、图 2-15）。将 3 厘米左右粗的数根（通常 5 根）细长柳条或柔韧性强的树枝弯曲嵌入车辕后半部分的夹板（杭盖车上没有此夹板，须安装）上，再用同样数量的柳条横向系绑固定，夏季用桦树皮、席子、芨芨草围子，冬季用围毡盖住。有些地区在篷车后边制作长方形箱子。由于各地区方言不同，篷车在内蒙古部分地区也叫哈木·特日格（Ham-terge）、宿和·特日格（Suh-terge）、布很·特日格（Buhen-terge）、温古拉格·特日格（Ongolag-terge）等。

图 2-14　篷车　席银柱摄

图 2-15　篷车主体构架

　　根据篷车的不同用途，也可分为照如嘎·特日格（Joroo-terge）、乌力吉格台·特日格（Uljigetai-terge）、苏合·特日格（Suuh-terge）、哈日·特日格（Hari-terge）等。

　　照如嘎·特日格是四轮车，主要为高龄老人和病人乘坐使用（图 2-16）。

　　乌力吉格台·特日格在《蒙古秘史》中记载为"完勒只格台·帖儿坚"，学界对这一车辆没有统一的解释。有些学者认为

图 2-16　照如嘎·特日格　布林特古斯《蒙古族民俗百科全书》

"乌力吉格"是车篷或轿子前面专门为车夫准备的座位，也有人认为指的是用柳条编制的席子，等等。

苏合·特日格是地位显赫的官员和富家人使用的、装饰精美的车（图 2-17）。"苏合"汉语意思为"轿子"，是一种靠人或畜扛、载而行，供人乘坐的有篷的交通工具，把轿子安装在车子上就称为苏合·特日格，即轿子车。其轿子前有门，两侧及后面后有窗户；轿子顶盖及左、右、后 3 侧以装饰好的帷帐封好，帷

图 2-17　苏合·特日格　布林特古斯《蒙古族民俗百科全书》

帐冬季使用毡子、夏季使用布料；其车轮轮辋一般用枣树制作，车辋顶部用铁片裹住，侧面用铜帽铁钉固定。

哈日·特日格是活佛、富人所使用的，制作精良、装饰精美的篷车（图2-18、图2-19）。其结构基本与苏合·特日格一样，差别在其做工精致，零件和装饰物多用铁铜和绸缎材料。比如，把车辕漆成红色或棕色，把车厢用蓝色、黄色、绿色绸缎进行装饰等，不同颜色代表乘坐人不同的地位或性别。有些学者认为哈日·特日格这个名称应该是从《蒙古秘史》中记载的"合剌兀台·帖儿格"演变过来的。

图2-18 哈日·特日格 通辽市孝庄博物馆

图2-19 20世纪20年代在库伦（现乌兰巴托），活佛乘坐驼车出行

## 2.箱车

在杭盖车上用木板制作长方形的箱子，用来储存、装载服饰、用具、奶食、红食和紫食的车称为箱车（图2-20、图2-21）。箱子一般长为1.7米，宽和高为0.6米左右；顶子为三角形，箱门上有锁或扣子，整个箱子用毡子裹住。一些学者认为在《蒙古秘史》中出现的"捌斡儿合台·帖儿格"就是指箱车上的箱子有锁或扣子。[①]

① 达·迈达尔、拉·达力苏荣:《蒙古包》，内蒙古文化出版社1987年版，第167页。

图2-20 箱车 王景远摄

图2-21 箱车模型

图2-22 柴新车

图 2-23　20 世纪初牧区水车　图片来源：刘兆和《蒙古民族毡庐文化》

　　还有一种箱车是为载运牛粪、水、羊绒等货物的车辆。其箱子封闭式或敞篷式都有（图 2-22）。根据杭盖车后半部分的大小，用木板拼接或柳条编制长方形箱子。水车是在杭盖车上固定木质水箱，用来装运生活用水的车（图 2-23）。水箱的上、下部分为椭圆形，根据车的宽度定制其大小。然后把 2 ~ 3 厘米厚的木板截成 1 米长左右后，围着上下部分拼接。为了增加箱子的密封程度，用 3 块铁圈缠裹水箱。水箱顶部前端留出水勺大小的孔，以便装水和取水，水车配有盖子。

## （四）特殊勒勒车

　　由于一些车辆的特殊性，无法归类在前几个类别当中，因而需要单独进行阐释。这当中包括格日·特日格（Ger-terge）、奥登·特日格（Odeng-terge）等。

### 1. 格日·特日格

从词语上看，"格日"汉语意为蒙古包、房子，加上"特日

格"，就是房车的意思，为公元 13 世纪或之前的蒙古族先民将
杭盖车和蒙古包组合形成的车辆。《蒙古秘史》中此车出现 7 次，
在《长春真人西游记》《威廉·鲁布鲁克蒙古游记》等游记中也
提到此车使用情况。由于将蒙古包固定在杭盖车上，格日·特日
格体积比一般的勒勒车大，不能拆卸。小型格日·特日格需要一
头牛来拉动，大一点的需要 22 头牛（图 2-24、图 2-25）。根据

图 2-24　用 22 头牛拉的帐幕[1]　图片来源：刘兆和《蒙古民族毡庐文化》

[1] 根据《鲁布鲁克东行纪》中所描述的 13 世纪蒙古包所画。

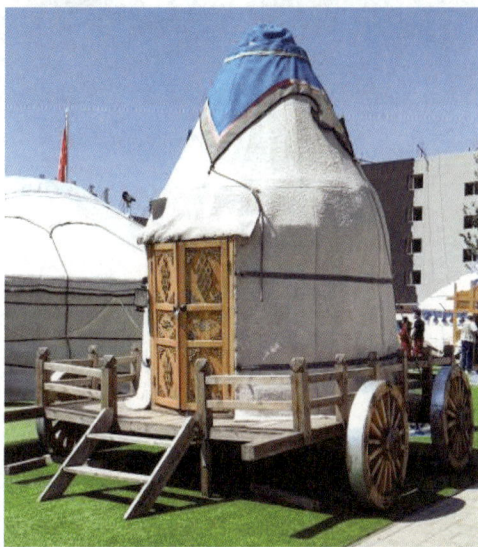

图 2-25　小型格日·特日格

相关文献内容，此车主要在战争时使用，成为可流动的战争指挥部。《威廉·鲁布鲁克蒙古游记》中记载，最大的格日·特日格宽度为 10 米，仅车轮之间的距离就有 7 米左右。布胡格·特日格（Buheg-terge）是格日·特日格的一种，是在 4 ~ 6 个轮子的车上固定圆形毡包，用来居住的车辆。

### 2. 奥登·特日格

奥登·特日格是布里亚特蒙古族使用的两轮胶轮车，又称为阿米日抗车、阿米日汗车、米日汗车，较为轻便，役畜为马（图 2-26）。车轮较小，轮轴较细，辐条较少，车辋铁质并用橡胶裹住。

图 2-26　奥登·特日格　图片来源：鄂温克旗锡尼河西苏木党群服务中心

### 二、以役畜不同分类

由于蒙古族驯养野生动物的年代和地区不同，在勒勒车上使用的役畜也有所区别。根据历史文献、文物和岩画中关于勒勒车的记载，蒙古族一般用牛、马、骆驼为役畜。因而根据使用役畜的不同，勒勒车可分为牛车（图 2-27、图 2-28）、马车（图 2-29）、驼车（图 2-30）等。

图 2-27　北朝时期彩绘陶牛车　乌拉特中旗博物馆

图 2-28　牛车　席银柱摄

图 2-29　布里亚特蒙古族使用的马车　图片来源：道力玛
《锡尼河觅踪》

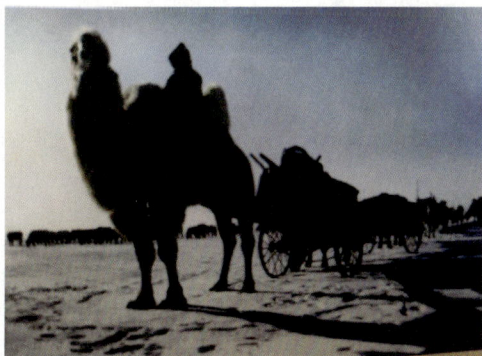

图 2-30　布里亚特蒙古族使用的驼车　图片来源：道
力玛《锡尼河觅踪》

### 三、以用途分类

除此之外，根据用途不同，勒勒车还可以分为货车（如杭盖车、哈萨克车、吉日甘车等）、柴新车（如拉粪牛车）、交通车（如篷车、苏禾车、哈日·特日格等）、存储车（如水车、箱车等）、房车（如格日·特日格、布胡格·特日格等）等，还有殡车、牢车、吉雅其车等特殊用途车辆。

殡车即运灵柩时临时选定的车辆，一般用杭盖车或哈萨克车。吉雅其车，是蒙古族先民请牧业之神——吉雅其的车辆。在13世纪的蒙古游记《普兰·迦儿宾行记》中记载，蒙古族用毡子做人形吉雅其，将其供奉在有罩子的勒勒车上，书上载"他们拥有一些用毛毡做成的人形偶像，将之置于自己幕帐大门的两侧，并且还在偶像的脚下放置一些用毛毯做成的乳房一类的东西，他们认为这些偶像是畜群的保护者，同时也是奶汁和畜群繁殖的赐予者。但是他们也用布制作其他偶像，并且很敬仰它。还有些人把这些偶像装在一辆漂亮的篷车上，置于自己幕帐的大门前"[1]。牢车或囚车，即押送犯人的车辆。

## 第二节　勒勒车的构造

在长期的生产生活中，蒙古族先民制造和使用了多种勒勒车。为了简明阐释勒勒车的构造，本节以具有代表性的杭盖车为例，详细阐述其结构。除了车毂毂圈（也称之为鼓串）等几个特殊部件以外，制作勒勒车的材料基本上都是木材，因而勒勒车的制作和修复都较为容易。杭盖车（有压箱的）主要由两个大部分组成，即车轮（图2-31、图2-32、图2-33）和车身部分。

[1]［意］柏朗嘉宾、［法］鲁布鲁克著，［法］贝凯、韩百诗、［美］柔克义译注，耿昇、何高济译：《柏朗嘉宾蒙古行纪·鲁布鲁克东行纪》，商务印书馆、中国旅游出版社2018年版，第147页。

图 2-31　不同种类的车轮

图 2-32　车轮

图 2-33　车轮部分

## 一、车轮的构造

杭盖车的车轮部分由车轮和车轴两大部分组成。车轮由车毂、毂串、车辐、车辋、车轴组成。

### （一）车毂

蒙古语称车毂为特日根·宝乐（Teregen-bol），是在车轮中心用于插轴的部分，是中间比两端稍凸起的，围绕车轴旋转的圆木。车毂腰部凿刻有辐眼安装车辐（图2-34）。

### （二）毂串

蒙古语也称毂串为鼓串、鼓圈，是在车毂两端中心围绕轴孔嵌入的，有3～5个圈耳的铸铁圈（图2-35）。其主要作用为减少在车轮旋转过程中车毂和车轴的摩擦力，避免磨损。

图2-34　车毂　　　　　　　　图2-35　毂串

### （三）车辐

蒙古语中车辐为和格苏（Heges），在车毂腰部呈射线式安装，是连接车毂与车辋的，近毂一端稍粗、近车辋一端稍细的木条（图2-36）。

图 2-36 车辐

## （四）车辋

位于车轮最外侧，衔接车辐（细端）的拱形木叫车辋，蒙古语为莫尔（Moor）（图 2-37、图 2-38）。根据车辆类型不同，车辋数量也不同，大部分的用 6 个车辋。

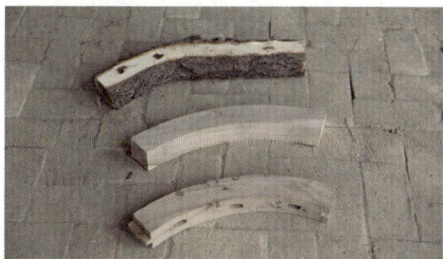

图 2-37 车辋组件

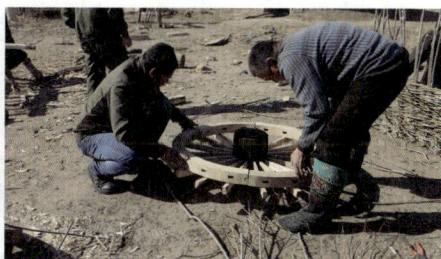

图 2-38 一般车辋由 6 块组成

## （五）车轴

车轴是将两端分别加工修理成与车毂中心轴孔相匹配的，连接车轮、托举车身部分的圆柱体（图 2-39）。车轴是车辕的支撑点、货物重量的承受部分，也是役畜拉动勒勒车的发力段。

图 2-39　车轴

## 二、车身的构造

杭盖车车身主要由车辕、鞍木、车掌、立柱、压箱、羊角桩子和铺垫组成。

### （一）车辕

为套役畜而制作的，用车掌连接后为载运货物或乘坐人员而准备的两根长木（图 2-40）。

图 2-40　车辕

### （二）鞍木

连接车辕与车轴的枕木（图 2-41）。

图 2-41　鞍木

## （三）车掌

连接车辕的大小长短相同的木条，也叫横撑（图 2-42）。

图 2-42　车掌

## （四）立柱

在车辕后段中央部分等距离楔入的长短一样的四块四方形木条（图 2-43）。

图 2-43　立柱

## （五）压箱

比车辕稍细的，镶嵌在立柱上端的木条。主要用于坐时的扶手，或载运货物的栏杆（图2-44）。

图2-44　压箱

## （六）羊角桩子

在车辕顶端距离5厘米左右凿孔楔入的木辖（图2-45）。

图2-45　羊角桩子

## （七）铺垫

将车掌用柳条穿梭编织成的车底板，或用柳条、稠李编制垫子铺在车掌上的垫子，用来载人载物（图2-46）。

图2-46　铺垫

## 第三节　勒勒车役畜用具

役畜的用具也是勒勒车整体不可缺少的部分。通常役畜以牛为主，因此役畜用具一般可分为牛缰绳、牛笼头、后鞧等部分。

### 一、牛缰绳

蒙古语叫做"额博日代（Ebertai）""额博日吉额（Eberji-e）"或"乌和仁·额博日结（Uheren-eberji-e）"，是用于牵牛或拴牛的皮条及绳子。[①] 通常用马鬃、马尾、驼鬃、羊绒编织或2厘米左右皮条编制而成。牛缰绳的两端都要打结制作口环，口环稍大一端套在牛角上，另一端车夫牵牛或赶车使用，如果役畜是无角牛，可用笼头式缰绳（图2-47、图2-48、图2-49）。

①《蒙古学百科全书》编辑委员会、《民俗卷》编辑委员会编：《蒙古学百科全书·民俗卷》，内蒙古人民出版社2015年版，第201页。

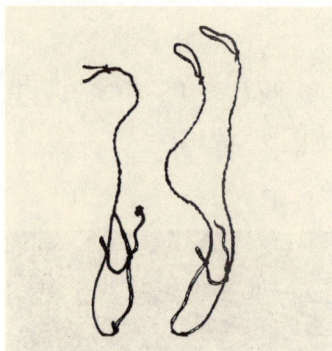

图 2-47　笼头式缰绳　图片来源：
《蒙古学百科全书·民俗卷》

图 2-48　牛缰绳　图片来源：布林特古斯《蒙古族民俗百科全书》

图 2-49　牛缰绳　朝鲁门摄

## 二、牛笼头

蒙古语中称牛笼头为脑格图（Naog-t），用皮条或绳索编织而成，用于牵牛或拴牛，包括下颚笼头、面部缰绳两种（图 2-50、图 2-51）。下颚笼头用两条细皮条制成，面部缰绳用一条宽皮条制成。[①]

①《蒙古学百科全书》编辑委员会、《民俗卷》编辑委员会编：《蒙古学百科全书·民俗卷》，内蒙古人民出版社 2015 年版，第 201 页。

图 2-50　牛笼头　朝鲁门摄

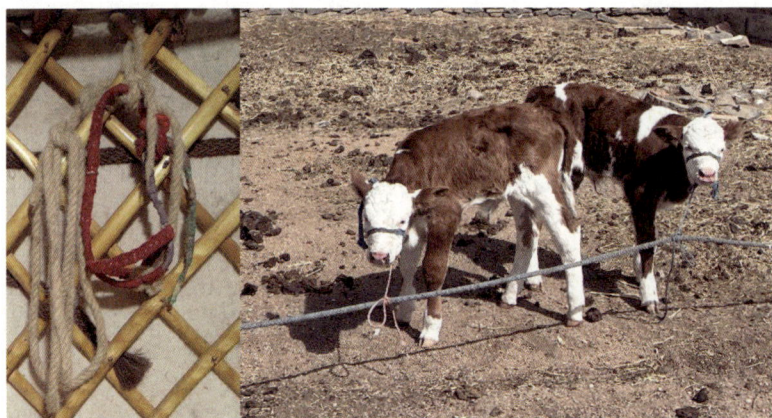

图 2-51　牛犊笼头

## 三、后鞧

后鞧为兜住辕牛大腿部上部，两端固定在车辕两侧的皮条或绳索。其主要作用是防止下坡时因车轮转动过快而导致车轭移到牛角、牛头，伤及牛头。同时在长途跋涉时还可以防止牛的臀部与车掌摩擦损伤。[1]

①《蒙古学百科全书》编辑委员会、《民俗卷》编辑委员会编：《蒙古学百科全书·民俗卷》，内蒙古人民出版社 2015年版，第 91 页。

为了适应蒙古高原特殊的生活环境，勒勒车的构件均由当地常见的桦木、松木、榆木、柞木等木料制成，体现了勒勒车制作中"因地制宜、因材加工"的特点。清朝西清所著的《黑龙江外纪》中记载：勒勒车"轮不求甚固，辕不求甚直，轴径如椽，不意毂輠。惟山路崎岖，防锁折动，以斧凿随之。"从这里可以看出，勒勒车的制作注重实用性，并且便于修理。

《蒙古秘史》中记载：铁木真成为成吉思汗之后，划分了95个千户，分别授封给88个开国功臣，这其中就有专门制作修理车辆的人员。第124节中，大将领别速惕·迭该的弟弟古出古儿向成吉思汗起誓"不让有锁的车倾倒，不让颠簸的车坏在路上，我就整治账房、车辆吧"。成吉思汗同意并令其为"司车"，专门制造和修理车辆。由此我们可以看出蒙古族13世纪时候就有了制作勒勒车的匠人。

为了便于了解，本部分内容以杭盖车为例，通过对国家级非物质文化遗产代表性项目"勒勒车制作技艺"国家级代表性传承人白音查干的采访，介绍勒勒车的制作过程。

## 第一节　勒勒车制作流程

勒勒车制作流程大致可分为下几个程序。

## 一、选料

选择木材是制作的基础工作。一般在冬季和春季树木休眠期伐木。冬季和春季的树木体内含有充足的营养物质，树木将这些营养物质通过酶转化为不溶性物质储藏，因而这时的树木材质好、变形小、不翘不裂、不易生蛀虫。与之相反，夏季和秋季树木生长旺盛，水分多，材质疏松。另外，一般从山阴面长的树木中选材，阴面木材比阳面的柔韧度强，更适合制作勒勒车、家具等用具。木材一般用桦树、柞树、榆树、稠李树、柳条等。勒勒车的车毂、车辐、车辋、车轴、车辕等关键部件需要选取硬质木材；车身部分对木材硬度要求不是很高，普通的木材即可。

## 二、脱水干燥与加工预件

选好木材之后，首先把采伐的木材放一段时间令其自然风干，然后将其加工制作成杭盖车的各部件雏形或预形。然后，对部件雏形再进行两周甚至半年时间的脱水处理。少数部件还需要进行烘烤脱水。所有部件彻底干燥之后，才能进行进一步的加工。

## 三、制作和装配

此步骤主要体现在车轮部分的制作和装配、车身部分的制作和装配、车轮部分和车身部分之间的装配等。这是制作勒勒车的核心程序，轴度校准、垂直校准、平整度校准、卯榫结构、卯榫插接、过盈配合等技术都会表现在这一步骤中。车轮的制作和装配是整个制作工艺的关键，复杂的工艺对木匠的要求比较高，有丰富经验的木匠才能准确地制作和安装。

## 第二节　勒勒车制作和安装流程

虽然勒勒车构造看起来简单，但每一个制作步骤都有一定的规则和要求。

### 一、车轮部分制作

#### （一）车毂

选取足够制作两个车毂的一段木材，用手锯一截为二（图3-1）；对木材进行修正，并用斧子砍去树皮（图3-2、图3-3）；将木材加工至近似正圆柱体形（图3-4）；然后在车毂两端中央用钻打出直径约一寸（约2.5厘米）的孔，再用凿子将其扩大为6厘米左右的车轴眼（图3-5），然后对车毂进行烘烤，以牛粪（图3-6）和干树枝为燃料，烤至木材外表起皮即可，这样可以使车毂更加结实，还能防止裂纹（图3-7、图3-8）。之后在车毂中间凸出部分用凿子（一般用1厘米的凿子）打18个内眼窄、外眼宽的车辐眼（通常长约3.8厘米，宽约1.5厘米），辐眼需

图 3-1　锯分车毂原材

要以梯子型打通至轴眼，杭盖车的车辐眼一般是在一条线上，如果车毂小，也可以前后两排交叉方式打孔（图3-9、图3-10）。将车轴眼和车辐眼凿好后，要涂上牛粪，晒干之后再用火烘烤。乌珠穆沁等地区用铁圈将车毂两端箍住，以便车毂更加坚固。安装车串（鼓圈、鼓串）是车毂制作的最后一个步骤，围绕车轴眼按着车串的大小再剜出坑镶嵌车串，用于增加车毂的耐磨性（图3-11、图3-12、图3-13）。

图3-2　木材修正

图3-3　去皮

图3-4　车毂初形

图 3-5　凿车轴眼

图 3-6　粪堆

图 3-7　烘烤车毂

图 3-8　烘烤后的车毂

图 3-9　确定凿辐眼位置

图 3-10　凿辐眼

图 3-11　确定车串位置

图 3-12　剜车串坑

图 3-13　镶嵌车串的车毂

## （二）车辐

在车毂中间车辐眼上呈射线形状楔入的，连接车毂和车辋的，长约46厘米的长条木叫做车辐。一般用柞木、榆木、桦木来制作。通常杭盖车一个车轮用18根辐条，一辆车共36根辐条。

将木材截断成比实际车辐长点的木条之后，顺着木纹劈开成哈嘎拉布日·合格苏（Hagalburi-heges，劈好的辐条，辐条初形），再将其刮削成布楞·合格苏（Belen-heges）以"井"字形状堆好自然风干（如果不干透，安装的车辐很快会松懈）（图3-14）。将干好的布楞·合格苏两端削做榫头（图3-15），榫头近车毂一端稍粗，叫作阿拉嘎（Alaga），近辋一端稍细，叫作黑木苏（Himus），因而车毂上辐眼和车辋上的辐眼大小也不同。

图3-14　自然风干车辐木材

图3-15　修理车辐

图3-16　安装车辐

图3-17　修正车辐

辐榫比辐眼略大，与车毂的结合是过盈配合，需要人力才能敲进辐孔，因而辐榫的制作和安装是考验木匠技艺的一个重要步骤。

做好车辐后下一步就是将车辐安装至车毂上（图3-16）。通常先挖一个与车毂大小相同的坑，深度为能放一半车毂即可。将车毂放置在已挖好的坑里固定住，然后从露在地上的部分开始安装车辐。安装车辐时不能一次就敲进，而是每天敲几次，敲打工作要持续近一周，这样辐榫和辐眼才能无缝对接。使用时不仅牢固，而且雨水无法渗透到缝隙里。有些地方制作时将车辐安装好2～3天之后，将其竖立起来，在每个车毂辐眼上浇热水，并用斧子、榔头等工具捶打至无缝衔接。已安装的车辐呈射线形状，每两条车辐之间的角度一般为5度左右。

车辐安装好后需要进行修正，就是检查和修正车辐之间的距离和平整度。车辐修正需要两人配合进行，一个木匠用两根木棍交叉夹住辐条，另一个木匠进行修正（图3-17）。修正时，在车轴眼里插一根细木，从细木上拴好线以圆规的原理均衡车辐的长短（图3-18）。这是为了后期安装车辋打基础。

图3-18　用自制圆规确定车辐长度

### （三）车辋

制作车辋的木材一般选用桦木、榆木或柳木。不同车辆的车辋数量也不同。勒勒车车辋为分段式，一个车轮通常由 6 个车辋组成。车辋有敖鲁盖·莫尔（Olugai-muur，最细的车辋）、玛塔木勒·莫尔（Matamel-muur，将木材弯曲制作的车辋）和朱苏木勒·莫尔（Jusumel-muur，将木材劈成两部分制作的车辋）。

敖鲁盖·莫尔通常在修理旧车时使用。玛塔木勒·莫尔由两段组成，一段长短等同于普通的 3 个车辋段，制作时先截取车辋雏形的桦木（图 3-19、图 3-20），将其放入专门烘烤木材的地灶中，烤到木材较为柔软时取出，马上用锛子修理车辋雏形内侧（图 3-21、图 3-22），并在固定好的阿吉日嘎·冒都（Ajirga-modu，用来矫正或弯曲木杆的工具）上将其弯曲成半圆形，用皮

图 3-19　用模型确定车辋原材

图 3-20　修剪车辋原材

图 3-21　车辋雏形

图 3-22　锯分车辋原材

图 3-23　在车辋凿辐眼和卯榫

条捆住直到干透。成型之后，从两侧开始修剪并开凿辐眼（图 3-23）。制作新车一般用朱苏木勒·莫尔。将木材截断成比车辋稍微长的，将其劈成两半形成车辋雏形后在室外干透。然后用锛子将其修成长约 30 厘米，宽约 10 厘米，厚约 7 厘米的拱形。安装时以车毂中心为圆心，以辐条为半径画圆，将圆等分为 6 段。每段车辋首尾以榫卯结构连接，将每段车辋四等分，在每个等分点上凿出 3 个卯眼，用以安装车辐，6 段共 18 个卯眼安插 18 根车辐。在蒙古族谚语中有一句："自作聪明，车辋凿四眼"指的就是每段车辋本该有 3 个卯眼的车辋凿了 4 个卯眼。

图 3-24　组装车辋

图 3-25 锯掉多余的车辐榫

组装车辋，就是将 6 段车辋拼接，并安插到车辐上。在已安装好车辐的车毂上，先将 3 个车辋每隔 3 个车辐安装好，再将剩余的 3 个车辋根据车辋卯榫的顺序安装（图 3-24）。组装好后，将多余的车辐榫锯掉（图 3-25），并用楔子填充辐榫和卯眼的空隙使其牢固。

（四）车轴

车轴原材主要是白桦、柞木、榆木。将木材截取成长约 200 厘米，没有疤疖、笔直的木材，放在自然环境里干透。车轴中段为长方形，两端呈圆柱形，考虑到车体载重情况，制作车轴时要将两端圆柱的圆心偏离轴心一定尺寸，以保证车轴有一定向下的弯曲度，可以很大程度提升载重量。车轴圆形两端要比车毂长，近车毂内侧较粗，外侧较细。在车轴两端与车串对应的位置，即轴上与外侧轴承套相结合处，亦嵌有铁楔，以增加轴的强度和耐磨性。从车毂外侧多出来的车轴上嵌入车键，以防车轮脱出。长方形的车轴部分安放车辕和鞍木（图 3-26、图 3-27、图 3-28）。

图 3-26　确定车轴与鞍木的衔接点

图 3-27　试装车轴

图 3-28　做好的车轴

## 二、车身的制作和安装

### （一）车辕

车辕原材料一般用晒干的桦木、榆木，杭盖车的辕长一般为400厘米左右。早前，由于牧区没有工具，一般用手衡量车辕的长短，一般为20拃长（图3-29）。两根车辕之间的距离通常为80厘米。车辕前段为套役畜部分即木材的细段部分，一般190厘米长，不能过分地修剪，只除去杂质，保证车辕的结实。车辕后半为承载货物部分即木材的粗段部分，长约210厘米，需要安装车掌和立柱，因而这段被削成四方形（图3-30、图3-31）。在车辕顶端约5厘米处凿孔眼（图3-32），嵌入羊角桩子，起固定车辊的作用（图3-33）。

图 3-29　确定车辕长度

图 3-30　修理车辕

图 3-31　车辕

图 3-32　在车辕顶端羊角庄孔

图 3-33　在车辕凿车掌孔

## （二）车掌

　　车掌的原材料主要是榆木、桦木、柞木等硬质木材。将没有树瘿、无弯曲、直径约为 6 厘米的木材截成长约 90 ～ 100 厘米后进行自然晒干。木材干透后，修剪成约 5 厘米宽、2 厘米厚（图 3-34），并在两端锯成榫头，安装至车辕。由于安装后的车辕是向顶端伸长的丫杈形状（"Y"形），因而每根车掌的长度也不同。车掌数量一般在 7 ～ 12 根。第一个车掌叫做巴嘎仍·伊鲁（Baareng-yilu），车掌中最长的一根，大约为 100 厘米。在车掌上编制或安放铺垫时，空开第一和第二根车掌，给役畜留出大便的空隙，这就是第一个车掌——巴嘎仍·伊鲁名称的来源。做第一个和最后一个车掌时，要比两个车辕宽度多出 30 厘米，安装后从车辕露出的榫头上凿孔，楔入木楔，避免车辕松动，使其更加稳固。有的地方在前后第二个车掌上楔木楔（图 3-35、图 3-36）。

图 3-34　锯开木材制作车掌

图 3-35　安装车掌

图 3-36　车掌与车辕的组装

### （三）立柱和压箱

　　立柱一般用桦木、榆木和柳木制作。在车辕承载段上面均匀凿 4 个卯眼安装木条，每根车辕安装木条 4 根，共 8 根。之后在立柱上段榫头上安装比车辕稍微细一点的、四方形的横木，这部分叫压箱，一般用柞木或桦木制作。中间两根立柱可以穿透车辕至鞍木，连接车辕和鞍木，加固车身。立柱通常高度为 40 厘米，宽度为 5 厘米，厚度为 4 厘米；压箱一般长度为 130 厘米（图 3-37、图 3-38）。

图 3-37　安装立柱

图 3-38　安装压箱

## （四）鞍木

鞍木一般用雄性榆木树权制作（图 3-39）。制作鞍木有两种方法。一种是截取树权之后，用刨子将主杆按车辕宽度刨平，再将分枝树权部分从根部以 90 度的角度锯开，同时主杆处留出车辕（四方形部分）安装空间，并凿孔楔入鞍木木楔。鞍木成型后在两端凿孔，用木楔连接鞍木和车辕。也可以将中间两根立柱做长，直接嵌入至鞍木。另一种是不用树权，将主杆截成鞍木大小，再制作安装两个能够夹住车辕的木块（图 3-40、图 3-41）。

图 3-39　鞍木原材

图 3-40　制作鞍木

图 3-41　修正鞍木

图 3-42　编织铺垫

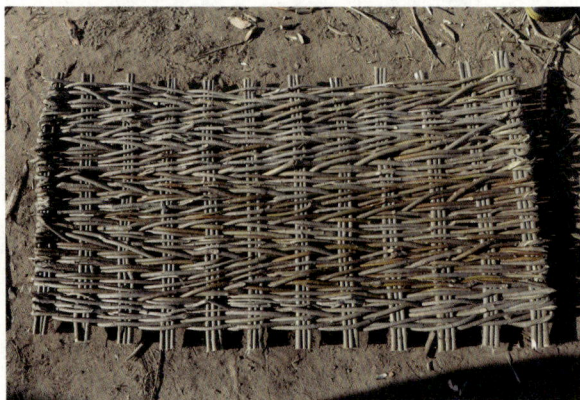

图 3-43　铺垫

## （五）铺垫

铺垫一般用柳条或稠李树枝编织制作。一般用成年人拇指粗的，长约 180 厘米的柳条或稠李编制。有两种编织方式：一种是用柳条或稠李以车掌为框架编织而成；另一种是单独编织与车掌大小相同的垫子铺在车掌上。铺垫的宽度要与车掌宽度一样，长度与第二根车掌到最后一根车掌的距离一致（图 3-42、图 3-43）。

## 三、其他

除了车轮和车身之外，勒勒车还有一些部分需要简明介绍。如车轭（上轭和下轭）、轭绳等。

## （一）车轭

车轭分为上轭和下轭。上轭是套在役畜脖子上面的，推拉勒勒车的弯木。一般将桦木或柞木或柳木削成 60 厘米长、6 厘米厚、9 厘米宽。将弯形木材截取后，在温火上烤并用钝器刮平。车轭两端凿孔，串上轭绳并与车辕羊角桩子连住。

下轭是比上轭稍小，套在役畜胸脯前的弯木。取材和制作方式与上轭相同，长度通常为 50 厘米，厚度为 4 厘米，宽度为 5 厘米。两端凿孔后，串上轭绳并与车辕羊角桩子连住（图 3-44、图 3-45、图 3-46）。

图 3-44　制作车轭

图 3-45　车轭侧面

图 3-46　车轭有孔一面

## （二）轭绳

　　轭绳是用柞木、榆木、稠李嫩枝拧成的，连接车辕和车轭的树枝。将树细枝在温火上烤柔后，根据车轭和车辕的程度撼成椭圆形，并将树枝两端拧紧而成（图 3-47、图 3-48）。

图 3-47　拧轭绳

图 3-48　车轭和轭绳

## （三）制毡技艺

　　毛毡或毡子与游牧民族所在自然环境、生产生活方式有着紧密的联系。作为以畜牧为主的游牧民族，蒙古族自古以来绝大部分生产和生活上所需要的物质资料都是就地取材，为满足各种生产生活用具的需求，饲养的牛、羊、骆驼、马等家畜毛、皮成为第一选择。《多桑蒙古史》中记载鞑靼人"家畜且供给其一切需要。衣此种家畜之皮革，用其毛与尾制毡与绳，用其筋作线与弓

弦，用其骨作箭镞"①。羊是游牧民族畜群的主体，所以羊毛成
为很容易获取的原材料之一。羊毛纤维有吸湿性高、可塑性高、
缩绒性强、保温性较好等优点，因此也成为毛毡或毡子的主要原
料。在古代，毡子的用途主要是防风保暖，主要使用于蒙古包的
围幪、铺地和车辆。《马可波罗行纪》中记载鞑靼人"彼等有车，
上覆黑毡甚密，雨水不透"②。说明 13 世纪前后北方游牧民族将
毡子使用在车辆之上。毡子的使用到元代时期达到了顶峰。《元
文类》（卷四十二）中记载"毡罽之用至广也，故以之蒙车焉，
以之藉地焉，而铺设障蔽之需咸以之。故诸司寺监岁有定制，以
给用焉"③。毡子不仅是普通牧民的日常必需品，也是贵族、军
队的必需物资。同时，官方建立毡毯制造机构，满足社会各阶层
的不同毡毯需求。随着毛毡行业的不断扩张，加之蒙古族吸收了
不同地区、不同部落和民族的制毡技艺，使毛毡原料也从羊毛扩
展至驼毛、驼绒，毛毡手工技艺也得到多样化发展。

　　到了近现代，这些毛毡制作技艺也在蒙旅商以及国营毛毡厂
的推动下传承至今，虽然制毡规模大不如以前，但传统技艺保留
至今。

　　毡子是篷车和格日·特日格（房车）上的主要组成部分。因
而，作者认为有必要介绍制毡的工艺。蒙古族各部落或地区的擀
毡技艺大同小异，只是在一些细节（比如相关习俗和）上有一
些区别。基本上每年9月份制作毡子，擀毡至少需要4个人以上。
擀毡技艺大体可分为弹毛、絮毛、卷毡、捆毡、拉毡等程序。

　　羊毛大致分为春季羊毛、秋季羊毛和羔羊毛三种，论擀毡品
质则羔羊毛最好，其次为秋季羊毛，再次为春季羊毛。弹毛是清
理和归拢羊毛的过程，需要在泡软的牛皮上进行。把羊毛散放在
平铺于地面的牛皮上，人们同时用柳条均匀地、有节奏地抽打羊
毛，目的在于给羊毛除尘使其变为蓬松状态（图 3-49）。

① ［瑞典］多桑著，冯
承钧译：《多桑蒙古史》
（上册），中华书局1982
年版，第29页。

② ［法］沙海昂注，冯
承钧译：《马可波罗行
纪》，上海古籍出版社
2014年版，第119页。

③ ［元］苏天爵：《元
文类》（卷四十二），
上海古籍出版社1993年
版，第560页。

图 3-49　弹毛　查娜摄

图 3-50　絮毛　查娜摄

　　絮毛时需要在一张标准的"额和·伊思给"（母毡）上进行。母毡也称之为毡胚，主要起保护羊毛的作用，也是新毡制作的标尺。将母毡平铺好后，用温水浸透，再把弹好的羊毛絮在上面（图 3-50）。絮的厚度根据毛毡的用途而定。

　　卷毡有无轴式和有轴式两种方式。进行无轴式卷毡时，将絮好的羊毛与母毡一起铺在泡软的牛皮上卷。卷毡人员力度要一致且卷紧卷实，不能太快（图 3-51）。进行有轴式卷毡时，先准备好长度比母毡稍长、粗 15 厘米左右的、两端带着旋钮的木棍。将木棍对称摆放至絮好的羊毛上，以木棍为轴开始卷，速度要慢并保证卷紧卷实。

　　完成卷毡程序之后，用专用毛绳对卷好的毡子进行捆绑，不能卷太紧也不能太松。捆绑时不间断向毡子洒温水，保证毡子的黏合度。

　　最后一个程序为拉毡，方式与卷毡方式呼应，也有两种，即拉锯式拉毡和滚动式拉毡。拉锯式拉毡是针对无轴式毡卷的。用

图 3-51　卷毡　查娜摄

图 3-52　拉毡　查娜摄

毛绳捆好毡卷后，2 位拉毡人在毡卷两边，在原地来回滚动毡卷直到毡子紧度合适为止。进行滚动式拉毡时，用毛绳将木棍两端旋钮套在马鞍上，用一匹或两匹马往两边拽拉多次，这样毡卷会越来越紧（图 3-52）。之后将毡卷铺开，从四角抬起兀干·厄斯给（新毡）用劲儿在地上甩动多次，将毡子抻平。

　　毡子做成后人们会根据需求对其进行再次加工，比如，用在格日·特日格（房车）上的壁饰（图 3-53），"这些车子，用毡子合形成一种篷车，再经过贴绣各种图案，十分美观。①" 房车的壁饰毡绣技艺是密缝和贴花工艺进行绣制，用驼绒线纳缝后再用马鬃线绕边，形成卷草纹、云纹、鼻纹（哈木尔纹）等图案。

① 阿木尔巴图：《蒙古族美术研究》，辽宁民族出版社 1997 年版，第 239 页。

图 3-53　房车图案

第四章
勒勒车的文化
内涵

在长期的游牧生产生活中，蒙古族先民积累了丰富的制作和使用勒勒车的经验，同时围绕勒勒车创新和传承的关于勒勒车的传统文化，成为整个蒙古族文化中必不可少的一项内容。

## 第一节　勒勒车的特征

勒勒车在蒙古族人民生活中，有着"草原之舟"之誉。在长期的"逐水草而居"的游牧生活中，倒场迁居、搬运毡房、运送柴草燃料等事务是蒙古族人民的主要事务，勒勒车是他们生产生活中的主要交通工具。我们可以将勒勒车的特征归纳为以下内容。

### 一、基本特征

#### （一）历史源远流长

从我国的《史记·匈奴列传》《汉书》《长春真人西游记》等历史文献到威廉·鲁布鲁克、马可·波罗等外国人的游记都提到了勒勒车的构造、功能、数量、摆放位置及赶车方法等内容。《资治通鉴》卷 104《晋纪二十六》中也提到"李延寿曰：高车，盖赤狄之余种也，北方以为高车丁零。其先，匈奴甥也。其迁徙随水草，衣皮食肉，牛羊畜产与柔然同；唯车轮高大，辐数至多，因以为号"①。由此可见，勒勒车的历史是非常悠久的。

### （二）轮大轻盈

勒勒车的车轮直径通常都在 1.5 米左右，比役畜稍微矮一点，因而勒勒车也被称为"大轱辘车"。较大的车轮，使其具备超强的适应地形能力，蒙古族先民无论是短途运输还是长途迁徙，不管是茂密的草场、积雪的田野、泥洼的湿地还是崎岖的坡路，勒勒车都能顺畅行驶，所以也有了"草上飞"的美誉。

### （三）简易实用

首先，勒勒车的制作简而不繁。为了适应草原特殊的生活环境，整辆车的构件均是由草原上常见的桦木、松木、榆木、柞木等木料制成。其次，勒勒车操控简单容易，不论牛、马、骆驼都可以拉载，即便是身体纤瘦的妇女也可以轻松地驾驭几辆甚至十几辆勒勒车同时行驶。再次，由于车身较长，上边可以安装毡包、箱子、水桶等装备，因而其载重量大。

### （四）种类繁多

勒勒车以构造、役畜、用途不同可分为多类。《黑鞑事略》中记述关于元代蒙古族车辆："日起营牛、马、骆驼以挽其车上室，可坐、可卧，谓之帐舆。舆之四角，或植以杖，或交以板，用表敬天，谓之饮食车。"

## 二、艺术特征

### （一）实用性与艺术性相融合

蒙古族传统勒勒车源于民间，蒙古族先民创造于日常生活当

图 4-1 通辽达尔罕亲王府院内的勒勒车

中，因而实用便成为其首要的性质。随着历史的车轮不断前进，勒勒车不仅仅被人们作为日常工具使用，逐渐也成为一种文化的典型，从一个物质文化遗产转变成代表着一个地区、一个民族的精神文化遗产（图 4-1）。同时，随着勒勒车功能的不断扩大而出现的各种车辆也成了兼备一定审美特征的文化工艺品。实现功能与形式并存，形制与装饰融合。勒勒车选材多取自当地树木，匠人们在制作时因地制宜、因材施艺，充分发挥了木材的特性，极大程度地保留了材料所具备的原生态美感。勒勒车通常不刷漆，保持了原有实木的自然纹理，与环境有机的结合，给人以厚重朴实感，使人从中体会到蒙古族审美内涵与文化底蕴。

## （二）装饰特征

篷车、箱车等部分勒勒车以中华民族传统吉祥图案进行装饰，其装饰部位主要在外覆的毡毯与毡帘上。风格简洁大方，美观干练，从整体上与周边环境、蒙古包十分协调。色彩上通常以白色作为背景色，以黑色、蓝色等单一颜色作为纹样填充色。用色简单，不烦琐，对比鲜明，有很强的视觉冲击感。除了毡子外，部分勒勒车车身也有着独特装饰，主要在车辕处雕刻以精美的图案或花纹，大多以写实为主，两边刻有植物，中间刻盘长或几何等吉祥纹样，寓意着吉祥如意、硕果累累、辟邪消灾，表达出蒙古族人民美好愿望。可以看出蒙古族人民在勒勒车装饰上的娴熟技艺以及审美特征。

## 第二节　勒勒车传统文化价值研究

勒勒车是蒙古族先民日常生产生活中必不可少的工具，也是战时的重要工具。它的使用延伸到众多方面，在民俗、宗教，甚至法律当中也体现着勒勒车的功能。

### 一、与自然环境和谐共处理念

由来已久的自然崇拜观念，让蒙古族认为万物皆有灵性，树木也不例外。因此在选定砍伐树木以后，当地人要进行祷告说明伐木用途（图4-2）。蒙古族人认为不能在神山圣岭采伐，认为山神会发怒。不能同时在一个地方采伐所有部件材料，需在不同区域分散式挑选采伐，这是在长期的历史长河中总结出来的保护生态环境经验。蒙古族认为人是自然界的一部分，只有人与自然和谐共生，才能持久地发展。

由于勒勒车车轮是以木材构成，并且轻便，因而行动时对草原植被的破坏较少，走过的地方也会很快长草。这也体现了蒙古族人们与自然界的和谐相处。

勒勒车是蒙古族人适应自然生态环境过程的产物。内蒙古位于祖国北部边疆，由东北向西南斜伸，呈狭长形，地貌以高原为

图 4-2 祷告说明伐木用途

主，还有高原、山地、丘陵、平原、沙漠、河流、湖泊，气候以温带大陆性气候为主，地跨黄河、额尔古纳河、嫩江、西辽河四大水系。[①] 地域辽阔、地形复杂、物候多样、沙漠戈壁、沙地疏林、山地草原并存，成为内蒙古地域风貌的重要特征。勒勒车创造、发展、传承于蒙古高原，其种类的多样性把它的实用性与草原地貌紧密地联系在一起。

在地形复杂、起伏较大、凸凹不平、松软的草原地带一般使用长辕高轮窄辋的勒勒车。这种车辆在行驶中可依据地形随意调整役畜与轮的角度，保障役畜不易受伤害、轮舆不易损坏，而且高轮窄辋可减少地面起伏凹凸带来的颠簸和行进中的阻力；长毂的勒勒车，行进平稳，适于山地区域行驶；短毂的勒勒车，行进快捷，适于平原区域行驶。大多用牛当作役畜，牛对自然环境的适应性强，无论是松软草地、泥泞滑道还是沙地戈壁，无论是长途跋涉、还是短途运载都能行走自如，它们成为人类社会发展、应对各类自然环境的忠实伙伴和帮手。

① 内蒙古自治区人民政府官网: http://www.nmg.gov.cn/col/col116/index.html

## 二、体现团结互助精神

由于通常使用的勒勒车车辕和车轮是双数，因而它们也成为合作、团结的象征。在《蒙古秘史》的第177节中，铁木真打败弘吉剌部后，派人到王罕送话时就提到"有两根辕条的车，如果一根辕条折断，牛就不能向前拉。我不是曾和你那根辕条一样吗？有两个轮子的车，如果轮子折断，车就不能再移动，我不是曾和你那个车轮一样吗？"[1] 第200节中，札木合被部下捉住送到成吉思汗处时，成吉思汗对札木合说"如今我们两个人又相合了，可以作伴。我们两个曾做一辆车的两个车辕，你却另有打算分开了……"[2]

## 三、文学价值

蒙古族先民在日常的生产生活当中，创作了许多具有浓郁民族特色、独特艺术风格、丰富多彩的民间口传文学作品。其中很多作品中都有勒勒车的身影。比如在科尔沁民歌"破了辕的杭盖车"中唱到"破了辕的杭盖车，阿爸为何要制作，不能尽孝的女儿，阿爸为何要养活。鸣声飞过的鸿雁，盘旋飞落在恒河，婚嫁的地方遥远，心里忧伤又奈何"。表明出嫁到远方的姑娘无法孝敬父母而悲伤的心情。还有蒙古族民歌"诺恩吉雅"中唱到"长辕的勒勒车，赶不到的地方，神奇的凤凰，难以飞到的地方；大轮的勒勒车，赶不到的地方，蓝色的凤雏，难以飞到的地方"，说明诺恩吉雅嫁到很远的他乡。还有谜语"太阳月亮有两个，你猜那是什么？一样的孩子有八个，你猜那是什么呢？"形象地比喻了勒勒车的车轮和车掌。除此之外"出力的是黑牛，吃油的是木车"[3]，"与贤者交谈，如黑夜点灯笼，与愚人谈话，像驾牛车横行"[4]，"车轮滚上滚下，运气时兴时衰"[5] 等表示告诫、教诲的蒙古族谚语也众多。

① 札奇斯钦：《〈蒙古秘史〉新译并注释》，联经出版事业公司，1979年版，第231页。

② 札奇斯钦：《〈蒙古秘史〉新译并注释》，联经出版事业公司，1979年版，第283页。

③ 内蒙古人民出版社编辑：《蒙古族谚语》，内蒙古人民出版社1982年版，第202页。

④ 内蒙古人民出版社编辑：《蒙古族谚语》，内蒙古人民出版社1982年版，第105页。

⑤ 内蒙古人民出版社编辑：《蒙古族谚语》，内蒙古人民出版社1982年版，第327页。

　　祝赞词是蒙古族民间文学表现形式之一，也是蒙古族祝词、赞词、祭词和召唤词等的一般统称，是产生于古代的韵文形式。致祝赞词是蒙古人日常生活中的一项重要礼仪，并非一定在隆重的场合才使用，即使在一般交往中，彼此问候、并相互致以美好祝愿，是蒙古人的日常礼仪。按蒙古人习俗，致祝赞词要分场合和对象。在不同场合或对不同对象，致祝赞词内容也不相同。诸如在建新房、做毛毡、狩猎、嫁娶等场合都吟诵喜庆的祝词和演唱美好的赞歌。因而产生了诸如：《毡包的祝词》《炉灶的祝词》《搭包位置的祝词》《夏牧场的祝词》《火的祝词》《婚礼祝词》《敬胸岔肉时的祝词》《对晚辈的祝词》，等等，其内容几乎涉及了蒙古族日常生活的方方面面。在游牧时期，勒勒车在人们的生产生活中充当着重要角色，对其的赞美赞扬也必不可少。在《锡林郭勒盟祝赞词精选》中收录了民间吟诵者夏·东希格关于勒勒车的祝赞词：

　　　　嚯……
　　　　祝您平安吉祥
　　　　祝您幸福安康
　　　　（这辆勒勒车啊）
　　　　有高大的车轮
　　　　长长的车辕
　　　　弯曲的牛轭

　　　　能工巧匠制作
　　　　吟唱岁月流转
　　　　历经四季寒暑
　　　　游走无边河山

运输迁徙

浩浩荡荡

辙印深深

声名远扬


篷车轿车箱子车

水车房车柴薪车

朴素的华丽的

高大的结实的

轻便的灵活的

牛马骆驼拉行

卯榫相合

工艺完美


先民作战的

宽敞的战车

迎娶孛儿帖夫人的

舒适的轿车

首尾相连

亦车亦庐

游牧文明

世代延续


杭爱山脊黄河两岸

哈日胡德贝加尔湖泊

无边嘎顺海茫茫大戈壁

秀美鄂尔浑、图拉河

（勒勒车啊）

连绵不绝

生生不息

缀连起山川

传承起文明


五畜兴旺

撑起富足生活

车车相连

守护温暖毡房

神车无数

举世震惊

物载丰厚

羡煞众生

纵使四季流转

故乡永远亲切

纵使迁徙万里

生活恒久祥和


你的名字

你的模样

你的辙印

铭刻山川

载入史册


嚎……

跪拜富庶的祖先

跪拜古老的勒勒车

祝愿车车满箱

金玉满堂

祝愿五畜兴旺

日子蒸蒸日上


祝愿故乡生机勃勃

人民飞黄腾达

祝愿草原风调雨顺

祖国繁荣富强


　　国家级非物质文化遗产代表性项目"祝赞词"国家级代表性传承人色·德力格尔先生也对勒勒车进行了赞美：

嚓……

祝您平安吉祥！

祝您发达兴旺！


这游牧人家的宝贝

这勤劳木匠的杰作

两个辊辘大如法轮

车轴横插其间


两根车辕笔直平行

羊角轴鞍架起车身

九个横撑排列均匀

两侧牙箱安全围挡

车轴车辕顶端

锛有方形插棍

随车悬挂油壶

配有方便油刷

那弯曲的桦木

经过修理打磨

钻出四个窿眼

做成上轭下轭


用柔软的沙石烘热定型

弯成轭拴棍

用畜毛鬃尾编拧成绳

连接车辕牛鞅


赞美你呀

这精美绝伦的篷车

手艺娴熟的木匠

巧夺天工之作


用来拉箱柜

拉柴薪水箱

拉衣食物品

拉所有家当


赞美你呀

这舒适无比的勒勒车

让长途迁徙不再辛劳

使驾辕的犍牛更显雄壮

优秀文化遗产
理当视为珍宝
古老游牧文明
匠心百世流芳

车轮滚滚向前
辙印深深铭刻
人生道路泥泞
当心脚下坎坷
踏实稳健行走
箴言忠告记牢

游牧迁徙生活
勒勒车功不可没
繁荣发展时代
勒勒车再谱新歌。

## 四、勒勒车使用习俗

勒勒车作为早期蒙古族重要交通工具，在历史长河中逐渐形成了一些使用习俗。

### （一）勒勒车米剌礼习俗

米剌礼习俗是蒙古族用饮食的德吉（原意为食物的"头一份"，后来引申出"精华""珍品"等意）对可见的物品或人、畜等表达美好祝愿。[①]当新做勒勒车之后，或者赶阿寅·竞（长

①《蒙古学百科全书》编辑委员会、《民俗卷》编辑委员会编：《蒙古学百科全书·民俗卷》，内蒙古人民出版社 2015 年版，第 181 页。

途拉运方式）时候，将奶食品、酒的德吉涂抹在勒勒车上，念诵祝赞词，祝福车辆、祝福旅途顺利，满载而归。

## （二）役畜的选用

人类驯养野生动物主要用在耕作、驮运、骑乘等生产活动中。蒙古族在选用勒勒车力畜或役畜时，通常选择 3 ~ 4 岁的雄性牛、马、骆驼，但不用种公役畜。一般忌讳使用雌性力畜，偶尔使用时也得选择空怀期牲畜。

在训练役畜套车时候，避免暴力鞭打、辱骂，以免役畜形成易惊的、不听使唤的坏习惯。套车和赶车时候也要用温和的口气使唤。

## （三）基本使用习俗

由于勒勒车基本上是纯木质结构，因而日常的维护也较为重要。给勒勒车上油可以减少车轮和车轴之间的摩擦，提升车轮的整体耐磨度和旋转速度。蒙古族很忌讳不上油直接使用勒勒车，在蒙古族谚语中说道"不合身的衣服，眼睛讨厌；不上油的车子，耳朵难受"[1]。上油通常用动物油和杏仁油、芝麻油等植物油。一般从右侧车轮外侧开始上油，把车轮托起来后，用力往里推，从车毂里钻出一部分车轴，之后往里上油。从车轮内侧上油时，从车辕后面将半身侧入车轮内侧，用腰托起车辕后，用膝盖猛推车轮，这样从车毂里钻出一部分车轴，之后往里上油。

干旱季节因长期不使用勒勒车，其各部件之间会出现缝隙松动的情况。使用时赶勒勒车驶过河流，使车轮和车身部分受潮后膨胀，勒勒车就可以变得牢固。

转场的时候要按照篷车、箱车、杭盖车（拉日用品车、拉哈那车和拉套脑车以及其他货车等）的顺序排列赶路。蒙古族认为

① 内蒙古人民出版社编辑：《蒙古族谚语》，内蒙古人民出版社 1982 年版，第 325 页。

水火不相容，因而牛粪车和水车不能排在一起，中间要隔一辆。忌讳用勒勒车压过或役畜踩踏蒙古包地基。妇女是勒勒车的"老板"（即车夫），通常年轻妇女赶头车，中年妇女赶其他车辆。

勒勒车不用时，蒙古族也重视车辆的整齐停放。威廉·鲁布鲁克在其《鲁布鲁克东行纪》中记载，蒙古族将车辆"排列在两边，距离帐幕半掷石之远，因帐幕坐落在两排车子之间，仿佛是坐落在两道墙之间一样。"当时车辆在蒙古包的东西两边排放。内蒙古自治区呼伦贝尔市的巴尔虎部落把篷车、箱车、杭盖车横排在蒙古包后边，水车放在蒙古包南边。车辕不能对着蒙古包门放置，认为车轮会压倒蒙古包神灵。[①]他们认为不能随便扔车轭，不能跨过车轭，会玷污车轭；也不能烧车轭，这样赶路时役畜脖子会容易被热伤。

赤峰市阿鲁科尔沁旗"勒勒车制作技艺"国家级非物质文化遗产代表性传承人白音查干老人每年除夕或大年初一会进行一个简单的祝福仪式：他将一个饺子或包子插在木质筷子或木棍上，然后再将其插在勒勒车压箱上面并祈祷祝福（图 4-3）。

① 曹纳木、苏达那木道尔吉、莫·赛吉拉夫：《蒙古族忌讳》，内蒙古人民出版社 2006 年版，第 159 页。

图 4-3　除夕给勒勒车进行米刺礼

## （四）婚礼上的使用习俗

早期蒙古族送亲时都会用到勒勒车，这个习俗在巴林部落20世纪90年代还在流传。根据家庭经济情况，娘家一般准备1～3辆勒勒车，承载陪嫁礼品。科尔沁蒙古族部落结婚时候，新娘必须坐在男方接亲车队的中间那辆勒勒车上，而且要坐在接亲车的中间位置。在阿古达木、策·乌日根编辑整理的《蒙古族婚礼》一书中提到，科尔沁部落婚礼中"新娘坐的勒勒车在车队中间，并在车箱檐处挂佛像。挂这个佛像，新娘车上就会集聚福气而不是鬼怪。[①]"

## （五）丧葬上的使用习俗

蒙古族旧时的丧葬也要用到勒勒车：将亡者尸体用白色毡子或布裹住，不能触地面，放到勒勒车上，放时将亡者头朝车尾，表示此人已离开人间。然后送葬人将缰绳从肩上绕过来，不能回头、不能停车，直至目的地。在内蒙古东部地区，如果送葬时勒勒车不得不停车，送葬人必须摆动车辕，他们认为这样亡者才能安心离去。另外，还有不用役畜，而是用人力推车送亡者的情况。在罗卜桑悫丹的《蒙古风俗鉴》中提到"送葬人会把尸体放在勒勒车上推到无人区后，用蛮劲推着勒勒车跑，尸体掉在哪里，那里就是尸体的归处，送葬人说三声'这里就是你通往长生天的起点'，之后不回头推车返回"[②]。送葬车上不能坐人，如果有役畜事后役畜不会再使用。[③]送丧后将勒勒车放在家附近人看不见的地方，将车辕部分和车身分开，过7天之后才能拿回来。[④]

除此之外，一些车辆岩画、文物中出现了外露生殖器的人物形象，比如阿拉善盟岩画（图4-4）、内蒙古宁城县南山根M102骨板上的裸体男性（图4-5），表示在车辆上的人物非同寻常，强调乘车人的身份和等级的同时，"可能反映了某种仪式"[⑤]。

① 阿古达木、策·乌日根：《蒙古族婚礼》，内蒙古文化出版社1987年版，第102页。

② 罗卜桑悫丹：《蒙古风俗鉴》，内蒙古人民出版社1981年版，第136—137页。

③ 葛·纳·胡尔查毕力格：《蒙古族丧葬文化》，内蒙古文化出版社2003年版，第17页。

④ 特木尔布和：《阿鲁科尔沁蒙古族勒勒车制作技艺及民俗探析》，内蒙古师范大学硕士学位论文，2015年，第43页。

⑤ 王晓琨：《无问东西——锡林郭勒考古所见的文化交流与互动》，中国社会科学出版社2022年版，第78页。

图 4-4　阿拉善右旗海尔汗岩画——牛车、太阳、骑者

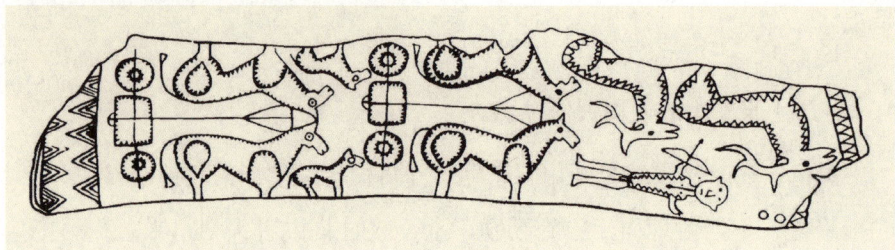

图 4-5　内蒙古宁城县南山根 M102 刻纹骨板　图片来源：林沄：《对南山根 M102 出土刻纹骨板的一些看法》

## 五、民族交流交融的见证

我国北方地区先后有北狄、匈奴、鲜卑、铁勒、高车、柔然、突厥、契丹、女真、汪古、蒙古等不同族群留下了活动遗迹。在历史的演变过程中，他们在政治、经济、文化、社会等各个方面进行了不同程度的交往、交流与交融。纵观北方游牧民族车辆的发展历史，车辆的制造、使用等各方面都见证着他们之间交流、互动的历史。青铜时期的岩画双轮单辕车辆，不仅出现在我国内蒙古自治区、蒙古国、帕米尔、吉尔吉斯、阿尔泰、哈萨克斯坦等地，还与我国中原地区殷周时期的车辆形制相似。这表明北方游牧地区相互之间有很深的交流交往，也与中原区域有相应的互动。

从中国北方游牧民族对车的称呼变化当中我们也可以看出"勒勒车"一词是在各族群（部落）共同交流、交往过程当中形成的。从文化学的角度"高车""奚车""轱辘车""辘辘车""勒勒车""达斡尔车"等不同族群（部落）使用的车辆也有同源异形特点。

## 第三节　勒勒车制作技艺代表性传承人

对于非物质文化遗产保护工作来说，"人"或更准确地说"非物质文化遗产代表性传承人"是整个保护传承工作的核心，他们是非物质文化遗产的重要承载者和传递者。保护好、培养好传承人是活态传承中华优秀传统文化的关键所在。通过对"勒勒车制作技艺"国家级非物质文化遗产代表性传承人的简单介绍，我们可以了解该技艺传承情况。

### 一、白音查干

白音查干[①]，男，1940 年 1 月出生，内蒙古自治区赤峰市阿鲁科尔沁旗巴彦温都尔苏木达日罕嘎查人（图 4-6）。

① 该传承人简历参考了陈玉华主编的《赤峰非物质文化遗产代表性传承人》（2021 年）著作。

图 4-6　白音查干

白音查干的传承谱系：第一代为桑布（1905—1984），阿鲁科尔沁旗嘎巴楚庙的（兴福寺）喇嘛木匠，后还俗到苏门塔拉小组。第二代为达木林（1929—2006），男，苏门塔拉小组人，桑布的徒弟。第三代是白音查干，达木林的表弟，继承了表哥的勒勒车制作技艺。

白音查干的父亲早逝，母亲一手带大了五个孩子。从十几岁开始，白音查干在当时生产队当羊倌直到实行生产承包责任制。苏门塔拉小组的夏季移场点，在阿鲁科尔沁旗大兴安岭以北的查干温都尔草原。每年去夏季移场点，白音查干不但赶着羊群，还要在勒勒车上拉着蒙古包等生活用品，赶到 100 多里外的夏营盘。

由于勒勒车全部由木头制作，在使用时经常出现零部件损坏的情况，随时需要进行修理。在生产生活的迫切需要下，白音查干决心传承父亲的手艺，学习修理和制作勒勒车的技艺。他向达木林请教了使用木工工具的基本方法。他一开始修理勒勒车，后来仿照旧勒勒车，自己开始制作，经过不断的努力，掌握了勒勒车制作技艺。

苏门塔拉的牧民们世代使用勒勒车，直到 20 世纪 90 年代。原来的几个木匠年纪大了之后，白音查干成为苏门塔拉小组勒勒车制作能手。50 多年来，白音查干修理的勒勒车已无法统计，制作的勒勒车，也已经达到 300 多辆。近年来，他还制作了小型工艺品勒勒车，有大、中、小 3 种型号，共 20 多辆。

2016 年 10 月，为配合内蒙古自治区非物质文化遗产保护中心采集《国家级非物质文化遗产代表性传承人记录工作》，白音查干和他的徒弟们利用 5 天时间制作了一辆勒勒车。白音查干也接受了近 10 个小时的采访，介绍了个人生平和勒勒车制作技艺。

白音查干向十几人传授了勒勒车制作技艺。其中的佼佼者为赛音都楞，现已成为勒勒车制作技艺项目的自治区级代表性传承人。

2008 年 10 月，白音查干被评为非物质文化遗产代表性项目"勒勒车制作技艺"自治区级代表性传承人，2009 年 5 月，被评为非物质文化遗产代表性项目"勒勒车制作技艺"国家级代表性传承人，2009 年 12 月，被评为赤峰市市级非物质文化遗产代表性项目"勒勒车制作技艺"代表性传承人。

## 二、松迪

松迪[①]，男，1939 年 5 月出生，蒙古族，赤峰市阿鲁科尔沁旗巴彦温都尔苏木包日浩特嘎查人（图 4-7）。

1949 年至 1955 年，于罕苏木小学读书。1956—1958 年，在内蒙古自治区民族实验剧团工作。1959—1963 年，在内蒙古军区十四团二连服兵役。期间到西藏、青海和新疆等地，参加了多次剿匪战斗。1968 年至 1972 年，在阿鲁科尔沁旗巴彦包勒格公

① 该传承人简历参考了陈玉华主编的《赤峰非物质文化遗产代表性传承人》（2021 年）著作。

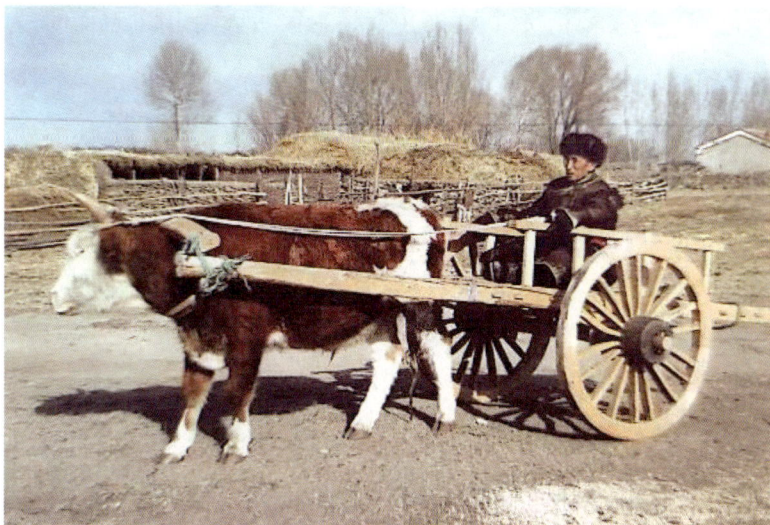

图 4-7　松迪

社乳品厂当技术员。之后，先后担任包日浩特生产队保管、会计和队长，还在生产大队放了四年的马群。实行生产承包责任制后，一直在家务牧。

松迪的传承谱系：第一代是仁钦道尔吉，生卒年不详，即松迪的外祖父。第二代为琶格达（1899—1976），即松迪的父亲。琶格达向岳父学习了勒勒车制作技艺。第三代为松迪，继承了父亲制作勒勒车的技艺。

过去，勒勒车是阿鲁科尔沁旗牧区最有效的运输工具，牧民的生产和生活都离不开它。包日浩特嘎查村地理位置偏僻，经济发展相对落后，勒勒车使用到20世纪90年代。

松迪对蒙古族文化遗产情有独钟。松迪认为勒勒车制作技艺虽然简单，却富有科学原理。于是，2005年他亲手制作了一辆勒勒车，并邀请旗广播电视服务中心的记者达木林等人，进行了全程录像，留下了宝贵的材料。

松迪撰写的《勒勒车结构和制作方法》一文，详细介绍了勒勒车的全部结构和每个零件的制作方法及所用工具等。此文收录于他的文集《乡土文学》（2010年，内蒙古人民出版社）。作为传承人，松迪还培养了参布拉敖力布等十几个徒弟。

2008年10月，松迪被评为非物质文化遗产代表性项目"勒勒车制作技艺"自治区级代表性传承人；2009年12月，被评为赤峰市级非物质文化遗产代表性项目"勒勒车制作技艺"代表性传承人。

### 三、赛音都楞

赛音都楞[①]，男，1966年4月出生，蒙古族，阿鲁科尔沁旗巴彦温都尔苏木达尔罕乌拉嘎查苏门塔拉小组人。1973年9月至1977年7月，于苏门塔拉小学读书。1977年至今，在苏门塔拉

① 该传承人简历参考了陈玉华主编的《赤峰非物质文化遗产代表性传承人》（2021年）著作。

图 4-8 赛音都楞

小维务牧（图 4-8）。

　　赛音都楞的传承谱系：第一代为达木林（1929—2006），男，苏门塔拉小组人。第二代为拉希尼玛（1943—2014），男，师傅达木林，也是苏门塔拉小组人，赛音都楞之父。第三代为赛音都楞，跟父亲学习了勒勒车制作技艺。

　　苏门塔拉小组的夏季移场点，位于阿鲁科尔沁旗大兴安岭以北的查干温都尔草原。赛音都楞小的时候，他的父母为生产队放牛羊，每年都要去夏季移场点。赛音都楞就坐上勒勒车，跟着他们去。牧区实行生产承包责任制后，赛音都楞家分到了 3 辆勒勒车，用于移场、拉草和拉牛粪等生产生活。

　　在社会和家庭环境的熏陶中，赛音都楞小时候就学会了制作勒勒车技艺。实行生产承包责任制之后，他开始修理和制作自家的勒勒车。20 世纪 90 年代，苏门塔拉的人们开始使用铁脚车，修理和制作勒勒车的活儿少了。于是，赛音都楞去了经济发展相对落后的西乌珠穆沁旗，给牧民修理和制作勒勒车。

除了制作实用性勒勒车，赛音都楞还会制作勒勒车模型。2010 年至今，他和他的徒弟累计制作了 150 多辆勒勒车。2015 年春天，他建造了 140 平方米的生产车间，用来制作和保存勒勒车。

赛音都楞制作勒勒车采用手工与机械相结合的方式，既保留了传统技艺，又结合了市场需求。关键性的技术，赛音都楞还是按传统的工序实施。例如，阿鲁科尔沁旗北部的勒勒车，要用柞树做车辐条。柞树质地坚硬，也有一定的柔软性。但是，在没干透时，容易扭曲和变形。于是，按照传统的做法，在制作勒勒车时，赛音都楞首先做车辐条初期的制作工作。他截断柞树原木，用斧子从当中劈开，把它们以"井"字形地摞在一起。这样，木材的水分完全蒸发后，将其制作成车辐条，勒勒车的轮子就不会变形。

2015 年，内蒙古自治区开展了抢救、保护濒危非物质文化遗产的"双百工程"，赛音都楞就勒勒车制作技艺项目接受了 2 小时的采访。

这些年来，有十几个人向赛音都楞学习了勒勒车的制作技艺。其中的佼佼者是敖特根巴雅尔，他是达日罕嘎查村人。

2008 年 10 月，赛音都楞被评为自治区级非物质文化遗产代表性项目"勒勒车制作技艺"自治区级代表性传承人；2009 年 12 月，被评为赤峰市级非物质文化遗产代表性项目"勒勒车制作技艺"市级代表性传承人。

## 四、敖兰白音

敖兰白音①，男，蒙古族，1965 年 1 月出生，赤峰市阿鲁科尔沁旗巴彦温都尔苏木包日浩特嘎查人（图 4-9）。

敖兰白音的传承谱系：第一代为仁钦道尔吉，男，生卒时间

① 该传承人简历参考了陈玉华主编的《赤峰非物质文化遗产代表性传承人》（2021 年版）著作。

不详，通辽市扎鲁特旗格日朝鲁苏木霍格图嘎查木工手艺人。第二代是松迪（1939—2012），仁钦道尔吉的外孙，跟外祖父学习了勒勒车的制作方法，包日浩特嘎查人。第三代是敖兰白音，松迪的侄子，继承了叔父的勒勒车制作技艺。

图4-9 敖兰白音

敖兰白音制作勒勒车时，全部使用榆木材料。他首先选出两根够长又笔直的木材，当作两个车辕木。用锛子砍掉树疖子，把整根木头砍为方形。木头的根部当作车辕木的后头。

敖兰白音设计的勒勒车车厢部分，有9个横撑，8个竖撑。横撑连接两根辕木，竖撑加厢盖，是车厢的护栏。横竖撑的卯眼，互相不能影响。这样设计好后把两根辕木并到一起，画出横竖撑凿卯的线条。然后用六分凿子，凿出辕木上横竖撑的卯眼。选出9根横撑和8根竖撑的木材，掌握好长度，锯出与车辕卯眼相适应的榫头。里边4个竖撑，由于下边的榫头较长，因此叫作通天榫，通过辕木与车轴的鞍木相连。做好横竖撑子后，先把九根横撑与两个车辕木结合，然后打入8根竖撑。其中，通天榫的竖撑，要打到在辕木下边似露不露为止。

敖兰白音制作的勒勒车，有1根轴，2个车轮。每个车轮有1个轮毂、18根辐条和6个车辋。每个轮毂的中心有轴孔，轴孔的外头要比里头细一些。在轮毂周围，正中心稍微靠里边的地方，用四分凿子凿出18个辐条卯眼。

为与这些卯眼相适应，制作时用锛子砍削辐条较细较薄的一头，打入轮毂里。把全部辐条打入后，找出轮毂的中心，用圆规画出辐条榫肩和嵌入车辋的榫头。之后，在辐条的外头锯出榫肩，用锛子砍出榫头的外边。把半个车轮翻过来，也用锛子砍出每根辐条五分厚的榫头。比量三个榫头，在每个车辋上画出凿卯的位置，用五分凿子凿卯。车辋的两头，制作出榫头和榫口，在把每个车辋打入车辐条的同时，用榫头和榫口连接相邻的车辋。

在勒勒车的车轴两头穿入车轮，用车辖挡住。车鞍用较粗的木头制作，用竖撑的通天榫头与辕木连接。鞍木的中部做卡口或竖撑，卡住车轴。所以，车轴的相应部位也做卡口，与鞍木互相结合。

敖兰白音先后向十几个人传授了制作勒勒车的技艺。其中徒弟嘎日玛较为全面掌握了制作技艺。

2018 年 4 月，敖兰白音被评为赤峰市级非物质文化遗产代表性项目"勒勒车制作技艺"代表性传承人；2018 年 10 月，被评为内蒙古自治区级非物质文化遗产代表性项目"勒勒车制作技艺"代表性传承人。

## 五、敖特根巴雅尔

① 该传承人简历参考了陈玉华主编的《赤峰非物质文化遗产代表性传承人》（2021 年版）著作。

敖特根巴雅尔 [①]，男，蒙古族，1975 年 7 月出生于赤峰市阿鲁科尔沁旗巴彦温都尔苏木达日罕乌拉嘎查苏民他拉小组（图 4-10）。

敖特根巴雅尔传承谱系：第一代传承人为白音查干，男，国家级非物质文化遗产项目"勒勒车制作技艺"国家级代表性传承人。第二代传承人为赛音都楞，男，自治区级非物质文化遗产项目"勒勒车制作技艺"自治区级代表性传承人。第三代传承人为敖特根巴雅尔，男，是赛音都楞的徒弟。

敖特根巴雅尔 2017 年受到苏木学校的特邀为孩子们上民俗文化知识课。同年参加了内蒙古赤峰市蒙古族非物质文化遗产展览，制作的勒勒车荣获特等奖。2017 年到蒙古国，为蒙古国的贫

图 4-10　敖特根巴雅尔

困户和孤儿提供了资助和蒙古包。2018 年 11 月，敖特根巴雅尔特地去北京建筑大学参加"中国非物质文化遗产传承人研习培训计划"培训，并获得结业证书。

近几年，敖特根巴雅尔已制作了将近一百余辆勒勒车，也做了不少勒勒车模型。他还培养了第四代传承人苏米雅和拉西吉格木德。

2020 年 6 月，敖特根巴雅尔被评为赤峰市级非物质文化遗产代表性项目"勒勒车制作技艺"代表性传承人。

## 六、吉胡楞图

吉胡楞图，男，蒙古族，1964 年 8 月出生于内蒙古自治区锡林郭勒盟东乌珠穆沁旗萨麦苏木（图 4-11）。

2008 年开始他在东乌珠穆沁旗所在地乌里雅苏台镇从事手工艺品的制作和销售工作，2013 年扩大业务范围，成立"陶纳图手工艺品有限公司"。

图 4-11　吉胡楞图

吉胡楞图传承谱系：第一代为其祖父巴音唐古达（生卒年不详），东乌珠穆沁旗萨麦苏木霍尔其格嘎查人；第二代为其父亲阿西尼玛（1931—1986）；第三代为吉胡朗图（1964—2004）。

他制作的勒勒车主要用在博物馆以及旅游景点展览。吉胡楞图积极传授技艺和经验，先后培养了巴特尔（1979—）、阿木古楞（1979—）、哈达（1980—）等几十名徒弟。

由于他的辛勤和创造性劳动，吉胡楞图多次荣获各类荣誉称号。1995 年在巴音胡布尔苏木第五届那达慕大会上获劳动模范荣誉称号；2000 年被评为旗劳动模范；在 2008 年和 2015 年被内蒙古日报社评为民族民俗传承人。

2016 年吉胡楞图被认定为国家级代表性项目"勒勒车制作技艺"自治区级代表性传承人；2015 年被认定为锡林郭勒盟盟级代表性传承人。

## 七、岱青

岱青，男，鄂温克族，1968 年 2 月 5 日出生于内蒙古呼伦贝尔市陈巴尔虎旗鄂温克苏木辉屯嘎查（图 4-12）。

岱青 1981 年小学毕业后便开始跟随父亲学习制作勒勒车，至今已有 40 多年之久，手艺也是越来越精湛。2017 年 5 月 15 日至 2017 年 6 月 3 日在内蒙古农业大学参加文化部、教育部"中国非物质文化遗产传承人群研修研习培训计划"培训班完成规定课程学习并结业。

2008 年制作的木雕作品《鄂温克生活》在首届社区文化艺

图 4-12 岱青

术节手工艺作品展中荣获一等奖（陈巴尔虎旗文学艺术界联合会主办）；2014 年被认定为"陈巴尔虎旗通古斯鄂温克民族交通工具（木制四轮车和雪橇）制作技艺"旗级代表性传承人；2014年 8 月被内蒙古自治区文化厅认定为自治区级代表性传承人；2018 年获得鄂温克民族苏木第三届冬季三河马文化节"民族文化传承人"荣誉。

第五章 从文化遗留到文化遗产：勒勒车制作技艺的保护

随着社会和时代的快速发展和不断进步，各种高科技现代化交通工具普及到各地区，勒勒车也被汽车、摩托车等交通工具所取代，正在失去实用性价值，除去极少的偏远区域，在草原牧区见不到在使用的勒勒车了。伴随蒙古族一步一步走向繁荣昌盛的勒勒车也面临着改变命运的情况。

## 第一节　文化遗留与文化遗产：勒勒车的文化生态

人类与其生存的自然、人文环境是有机的一个整体，因此，人所创造的文化也与其生产生活的环境相互影响，不能分离，有着紧密的耦合关系。这种关系也促成了"文化生态"的构成，该生态是人类的文化和行为与其所处的自然生态环境之间相互作用的动态系统。[1]游牧民族（部落、族群）在长期的游牧生产生活实践中，不断与周边的环境互动，创造了游牧文化，包括"游牧生产生活方式以及与游牧生活相适应的文学、艺术、宗教、哲学、风俗、习惯等构成游牧文化的具体要素。"[2]勒勒车作为古代北方游牧民族的交通工具，也是游牧交通文化的组成部分。在

[1] 黄正泉：《文化生态学》（上册），中国社会科学出版社 2015 年版，第 27 页。

[2] 吴团英：《草原文化与游牧文化》，《内蒙古社会科学》（汉文版）2006 年第 5 期。

逐水草而居的游牧时代，勒勒车扮演着重要的角色，然而随着社会的变迁，游牧生产方式逐渐弱化，勒勒车赖以生存的文化生态也受到了很大影响。在这种勒勒车的实际交通运输功能或实践基本消失的情况下，如何保护这一承载着游牧文化基因的"文化遗留"成为我们需要考虑的事情。

非物质文化遗产保护工作当中，我们经常碰到如狩猎文化、鄂伦春族狍皮制作技艺、桦树皮制作技艺等非物质文化遗产代表性项目都面临如何生存或者延续文化因素的问题。

古典进化论的先驱，"人类学之父"泰勒（1832—1917）在其《原始文化》著作中提出"文化遗留"①的概念，并对其内涵进行了阐释，他认为"文化遗留"是"在那些帮助我们按迹探求世界文化的实际进程的证据中，有一广泛的事实阶梯。我认为可用'遗留'（Survival）这个术语来标示这些事实。仪式、习俗、观点等从一个初级文化阶段转移到另一个较晚的阶段，它们是初级文化阶段的生动的见证或活的文献。"②他通过大量的实际案例对这一概念进行解释，并得出"随着世界社会的向前发展，最重要的观点和行为可能渐渐地变为纯粹的遗俗。他们的最初的意义逐渐消失了，每一代记得它的越来越少，最后，直到现在它还没有完全为人民遗忘"③的结论。这种概念或方法主要是通过对文化"遗留"进行研究，回溯人类以往的历史，从而获得文化发展的普遍性规律，探索人类文明的进程，同时从另一方面也反映了文化的延续性。当然泰勒"文化遗留说"的有些观点也有些不足之处，也被其他学派进行了反思。马林诺夫斯基等功能派代表们认为"文化因素之所以能够保留，就在于它们仍在发挥作用，并不是因为它们是过去时代的残存物"。④美国社会学家威廉·费尔丁·奥格本认为"已有的文化留传下来，是因为它们有用。……与其说残留抵制变迁，毋宁说它提供了理解早期文化

① 在中国这一概念以"文化化石""文化遗存""文化持续体""适应持续体""文化遗留物"等不同提法出现。

② ［英］爱德华·泰勒著，连树声译：《原始文化》，广西师范大学出版社2005年版，第11页。

③ ［英］爱德华·泰勒著，连树声译：《原始文化》，广西师范大学出版社2005年版，第88页。

④ ［美］罗伯特·F·莫非：《文化和社会人类学》，中国文联出版公司1988年版，第153页。

的线索。残留下的文化在早期文化中占有重要地位，而现在已经不重要了，但它可以帮助我们理解早期文化。"①虽然一些传统文化（"残留"）在当今社会无法充当重要角色，但传统文化是人类社会文化延续发展的重要条件，我们应该传承、发展对于人类发展有积极影响的传统文化，通过不同方式让其继续服务于社会需求。

勒勒车作为游牧文化的要素之一，在古代游牧生产生活中发挥着举足轻重的作用。虽然因为各种原因，它已经不能够发挥完整的功能，丧失部分原有意义，形式也不完整了，重要性也减缩了，但包括制作技艺、民俗等部分文化事项依然具有生命力，对于当今文化发展有一定的积极作用。

非物质文化遗产保护工作以延续优秀传统文化的生命力，保持它的"活态性"为核心属性。目前非物质文化遗产保护工作者和学者对"活态性"主要强调其主体性、生活性、延续性和生命力。②对于勒勒车这种"文化遗留"的活态性和延续性的分析对其进一步保护有较高的现实意义。虽然勒勒车当今已经丧失了原有的交通运输这一直接的社会功能，但是其制作技艺等一些文化事项还有生命力，并持续被人们给予新的文化含义。比如将勒勒车开发为那达慕、草原旅游点体验内容等文化旅游项目；将勒勒车与城市规划建设结合，等等。勒勒车背后由丰富的知识体系、丰厚的文化基因以及文化逻辑构成的文化母体和文化生态，并不会因为没有直接的实践而完全消失。因此，对勒勒车文化母体的保护也需要加以关注。我们要不断地对勒勒车所蕴含的文化或文化符号进行再生产与更新，推进到新的、更高的层次，满足群众的文化需求。正如学者黄正泉所说"'文化再生产与更新'的终极价值就在于形成'意义结构'，意义结构也只有相对人而言才有'意义'。'意义结构'是文化的本质，有了文化才有意义结

①［美］威廉·费尔丁·奥格本著，王晓毅、陈育国译：《社会变迁——关于文化和先天的本质》，浙江人民出版社1989年版，第86页。

②张超雄：《从文化遗留到文化遗产——古代滑雪狩猎的文化生态刍议》，《中国非物质文化遗产》2022年第二期。

① 黄正泉：《文化生态学》（上册），中国社会科学出版社 2015 年版，第 29 页。

② 高宜扬：《后现代论》，中国人民大学出版社 2005 年版，第 181 页。

构。意义结构的存在形态就是文化生态的存在……"①，因为意义结构"是符号同人、社会、文化之间发生活生生的互动关系的灵魂和动力。"② 在当今迅速发展的社会中，勒勒车只有被"再次生产或更新"，才能保持它的文化意义，才能在日益更新的文化环境中生存下去。

## 第二节　勒勒车制作技艺面临的困境

勒勒车作为蒙古族传统文化不可分割的内容，其价值主要体现在其制作技艺上。但由于蒙古族生产生活方式的变迁，勒勒车的实用价值逐渐减弱，只有在那达慕等大型传统展示（展演）活动，或博物馆、展览馆以及城镇风貌规划中才体现出其观赏价值。随着使用价值的退减，勒勒车的制作技艺也面临失传的危险。

随着非物质文化遗产保护工作的进展，众多的优秀传统文化得到了有效保护和传承，相关车文化也列入了非遗名录当中。在国务院公布的 5 批国家级非物质文化遗产名录和扩展项目名录中有 6 个车文化相关项目，涉及非遗十大类的三个类别。随之文化和旅游部公布了 5 批相应代表性项目的 5 名国家级代表性传承人。其中蒙古族有 2 项代表性项目，1 名传承人。

与车相关的国家级非物质文化遗产代表性项目名录③

③ 根据中国非物质文化遗产网·中国非物质文化遗产数字博物馆官方公布文件整理 http://www.ihchina.cn/project.html#target1

表5-1

| 序号 | 编号 | 名称 | 类别 | 公布时间 | 类型 | 申报地区或单位 | 保护单位 |
|---|---|---|---|---|---|---|---|
| 1 | V-88 | 车灯 | 曲艺 | 2008（第二批） | 新增项目 | 重庆市曲艺团 | 重庆市曲艺团有限责任公司 |

续表

| 序号 | 编号 | 名称 | 类别 | 公布时间 | 类型 | 申报地区<br>或单位 | 保护单位 |
|---|---|---|---|---|---|---|---|
| 2 | Ⅷ-46 | 勒勒车制<br>作技艺 | 传统<br>技艺 | 2006<br>（第一批） | 新增<br>项目 | 内蒙古自<br>治区东乌<br>珠穆沁旗 | 东乌珠穆沁旗<br>文化馆 |
| 3 | Ⅷ-46 | 勒勒车<br>制作技艺 | 传统<br>技艺 | 2008<br>（第二批） | 扩展<br>项目 | 内蒙古自<br>治区阿鲁<br>科尔沁旗 | 阿鲁科尔沁旗<br>文化馆 |
| 4 | Ⅷ-48 | 兰州黄河<br>大水车<br>制作技艺 | 传统<br>技艺 | 2006<br>（第一批） | 新增<br>项目 | 甘肃省<br>兰州市 | 兰州市西固区<br>文化馆 |
| 5 | Ⅹ-135 | 尉村跑<br>鼓车 | 民俗 | 2011<br>（第三批） | 新增<br>项目 | 山西省<br>襄汾县 | 襄汾县汾城<br>镇尉村村民<br>委员会 |
| 6 | Ⅹ-136 | 独辕四景<br>车赛会 | 民俗 | 2011<br>（第三批） | 新增<br>项目 | 山西省<br>平顺县 | 平顺县人民<br>文化馆 |

与车相关的国家级非物质文化遗产代表性项目代表性传承人 ①

表5-2

| 序号 | 姓名 | 性别 | 类别 | 项目编号 | 项目名称 | 申报地区或单位 |
|---|---|---|---|---|---|---|
| 03-1196 | 谭柏树 | 男 | 曲艺 | Ⅴ-88 | 车灯 | 重庆市曲艺团 |
| 03-1197 | 黄吉森 | 男 | 曲艺 | Ⅴ-88 | 车灯 | 重庆市曲艺团 |
| 03-1321 | 白音查干 | 男 | 传统<br>技艺 | Ⅷ-46 | 勒勒车制作<br>技艺 | 内蒙古自治区阿<br>鲁科尔沁旗 |
| 05-2758 | 段怡村 | 男 | 传统<br>技艺 | Ⅷ-48 | 兰州黄河大水<br>车制作技艺 | 甘肃省兰州市 |

① 根据中国非物质文化遗产网·中国非物质文化遗产数字博物馆官方公布文件整理 http://www.ihchina.cn/representative#target1

  内蒙古自治区截至 2021 年年底，共计公布了 7 批自治区级非物质文化遗产代表性项目名录和 7 批自治区级代表性传承人名录。代表性项目名录中，与车文化直接相关的项目涉及 1 大类，共计 3 项；代表性传承人共计 9 名。

与车相关的自治区级非物质文化遗产代表性项目名录

表5-3

| 序号 | 编号 | 项目名称 | 申报地区或单位 |
|---|---|---|---|
| 1 | NMⅧ-1 | 勒勒车制作技艺 | 东乌珠穆沁旗、阿鲁科尔沁旗 |
| 2 | NMⅧ-16 | 通古斯鄂温克木制四轮车制作技艺 | 陈巴尔虎旗 |
| 3 | NMⅧ-8 | 达斡尔车制作技艺 | 莫力达瓦达斡尔族自治旗 |

注：根据内蒙古自治区人民政府公布文件统计。

与车相关的自治区级非物质文化遗产代表性项目代表性传承人

表5-4

| 序号 | 项目名称 | 姓名 | 民族 | 出生年月 | 地址 |
|---|---|---|---|---|---|
| 1 | | 松迪 | 蒙古族 | 1939.5 | 赤峰市阿鲁科尔沁旗罕苏木苏木宝日浩特嘎查 |
| 2 | 勒勒车制作技艺 | 白音查干 | 蒙古族 | 1939.7 | 赤峰市阿鲁科尔沁旗罕苏木苏木达日罕嘎查 |
| 3 | | 赛音都楞 | 蒙古族 | 1966.4 | |
| 4 | | 敖兰白音 | 蒙古族 | 1965.01 | 阿鲁科尔沁旗文化馆 |
| 5 | | 嘎·达木林 | 蒙古族 | 1938.12 | 东乌珠穆沁旗文化馆 |
| 6 | | 吉胡朗图 | 蒙古族 | 1964.08 | 东乌珠穆沁旗文化馆 |
| 7 | 通古斯鄂温克木制四轮车制作技术 | 岱青 | 鄂温克族 | 1968.2 | 陈巴尔虎旗文化馆 |
| 8 | 达斡尔车制作技艺 | 敖永峰 | 达斡尔 | 1943.7 | 呼伦贝尔市莫力达瓦达斡尔族自治旗腾克镇特莫呼珠村 |
| 9 | | 吴振江 | 达斡尔 | 1953.2 | 呼伦贝尔市莫力达瓦达斡尔族自治旗杜拉尔乡查哈阳林场 |

注：根据内蒙古自治区文化和旅游厅公布文件统计。

　　从上述内容上看，与车相关的非物质文化遗产代表性项目非常少。在 3145 项国家级代表性项目（包括扩展项目）中只占 6 个，占总数的 0.17%。在共计 3068 名国家级代表性传承人中与车相关的才有 4 名。自治区级代表性项目共计 819 项（包括扩展项目），与车相关的项目 3 项，共计 967 名代表性传承人中与车相关的才有 9 名。勒勒车制作技艺国家级代表性项目有保护单位 2 个，国家级代表性传承人只有 1 位。

　　从这些数据中看，车相关的传统文化非常薄弱。该项目的传承主要面临难融入当今社会、市场活力不足、传播手段陈旧、公众认知有限等问题，因此非物质文化遗产保护工作者对其挖掘和发展还需加强，以下三点尤其需要引起重视。

　　一、相关勒勒车资源调查有待深入。根据当前已公布的车文化项目来看，没有完全挖掘勒勒车文化的全部内容。目前涉及的项目只有制作技艺内容，还有很多相关勒勒车相关的民间文学、传统音乐、民俗内容还未纳入到名录当中。并且只停滞在申报层次，没有深入实施保护工作。虽然影响因素比较多，但我们可以在有限的条件和环境里，寻找、发现和创造更多的机会去保护这些即将脱离当今社会的传统文化。

　　二、保护思路有待改进。作为"文化遗留"的勒勒车制作技艺的保护工作停滞在传统的申报代表性项目、记录保存等基础保护工作上。项目保护单位和传承人的思路还是没有跳出制作具有使用价值的勒勒车上，从而导致勒勒车的普及面越来越小，极大地打击了他们的保护积极性。传统文化是一种反映民族特质和风貌的文化，是历史上各种思想文化、观念形态的总体表征。它是众多一系列文化的有机结合，因而我们将他们一个一个单独分列出来保护是不利于其自身发展。目前相关保护工作将勒勒车孤立于其他文化要素和文化空间，缺乏融合性发展思路。

三、有脱离当今社会需求倾向。传统文化是由于群众生活的需要才创造出来的。只有满足人的需求，才能存续下去。目前勒勒车文化的保护虽然有了一些改观，但还是没有融入当今社会生活，没有满足现代社会的精神生活需求。传统文化无法满足当今社会的需求，就会失去生存空间，逐渐失去生命力。

## 第三节　从"遗留"到"传承"的创新思路

"活态传承"是非物质文化遗产保护工作的目的之一。党的十八大以来，以习近平同志为核心的党中央站在实现中华民族伟大复兴中国梦的全局和战略高度，对建设社会主义文化强国作出一系列重要论述。2021年中共中央办公厅、国务院办公厅下发了《关于进一步加强非物质文化遗产保护工作的意见》，强调非物质文化遗产系统性保护，凸显非物质文化遗产服务当代、造福人民的作用。尤其在习近平总书记在二十大报告中强调，"我们要坚持马克思主义在意识形态领域指导地位的根本制度，坚持为人民服务、为社会主义服务，坚持百花齐放、百家争鸣，坚持创造性转化、创新性发展，以社会主义核心价值观为引领，发展社会主义先进文化，弘扬革命文化，传承中华优秀传统文化，满足人民日益增长的精神文化需求，巩固全党全国各族人民团结奋斗的共同思想基础，不断提升国家文化软实力和中华文化影响力。"[1] 同时强调"中国式现代化是物质文明和精神文明相协调的现代化。"因此，我们要坚持创造性转化、创新性发展的思路，用正确的文化价值观将传统文化保护、传承、发展，用中国式的优秀传统文化保护成果"讲好中国故事，传播好中国声音"。

党的十八大以来，一系列引导和促进工艺美术发展的政策

[1] 习近平：《高举中国特色社会主义伟大旗帜为全面建设社会主义现代化国家而团结奋斗——在中国共产党第二十次全国代表大会上的报告》，新华社，2022。

相继出台。从发布《关于工艺美术行业发展的指导意见》《关于推进工业文化发展的指导意见》，提出一系列促进工艺美术行业、产业发展的任务和举措，到"振兴传统工艺"写入国家"十三五"发展规划，纳入《关于实施中华优秀传统文化传承发展工程的意见》，以及正式出台《中国传统工艺振兴计划》，工艺美术的行业产业规划和文化振兴计划全面启动。各省区市各级政府纷纷制定工艺美术保护的行政法规。据统计，目前有十余省区市，通过不同方式对工艺美术保护给予资金支持。一系列政策在指导工艺美术企业分类发展、引导产业合理集聚、加强人才队伍建设、推进技艺传承创新、强化自主品牌建设，以及加强对传统工艺美术品种、技艺的保护与传承，把中华优秀传统文化内涵更好更多地融入生产生活教育的各方面，在具有中国特色、中国风格、中国气派的文化产品更加丰富等方面，发挥了引导和促进作用。

作为优秀传统文化的一个重要成员，勒勒车也需要根据时代的变迁和当代人们文化需求调整自己的生存方式。每个非遗类别或者每个非遗项目除了有"无形文化遗产"共同的特点，都有自己独特的表现形式和传承方式，相互之间也有很大的区别。由此，我们实施非物质文化遗产保护工作时，不仅要考虑宏观整体性的关照，还要根据每个类别的特征进行有针对性的、有效的保护措施。我们需要进一步解放思想，开拓思路，在实践中探索多样化的非物质文化遗产保护创新路径，并在理论上进一步深化提升；需要鼓励和呼吁社会各方参与，以传统工艺工作站、非遗工坊等为平台，开展政产学研合作，以非遗研创成果助力乡村振兴，增强当地民众的幸福感与获得感；同时我们还需要创新非遗传播方式，通过多种新媒体互动形式，唤起广大民众对非遗的兴趣和对非遗文化的认同。

## 一、 整体性保护

非物质文化遗产保护整体性原则就是指"要保护非物质文化遗产所拥有的全部内容和形式，也包括传承人和生态环境。"[①]非物质文化遗产学者刘魁立说"对具体文化事项的保护，要尊重其内在的丰富性和生命特点。不但要保护非物质文化遗产的自身及其有形外观，更要注意它们所依赖、所因应的构造性环境。"[②]因而整体性保护包括了两方面的含义：一是对遗产自身的保护，二是对非物质文化遗产赖以生存的自然环境和人文环境的整体性保护。

勒勒车文化不是独立的蒙古族传统文化，它是蒙古族游牧文化的组成部分。勒勒车不可能从整体的游牧文化中独立出来单独发展，只有在整体文化中才能体现出它的文化价值。因此，我们在进行保护时，应在树立好整体观念的前提下进行传承发展。

在特定的自然环境和人文环境的影响下，勒勒车才具备了满足牧民各种需求的条件。也就是说勒勒车文化的本真性传承和发展离不开生根发芽的特定自然环境和当地牧民历史、地理、风土人情、传统习俗、生活方式、文学艺术、行为规范、思维方式、价值观念等人文环境。因而，我们保护勒勒车时，要充分考虑到其与蒙古族人生礼仪、民间文学（祝赞词、故事、谜语等）等传统文化类别之间的联系。因而如何将这些文化融合到一起，整体性保护才是出路。当今国家实施的建立文化生态保护区政策，就是为了将一个文化遗产在其整体环境中保护和发展。

目前已公布的 13 个内蒙古自治区级文化生态保护区中的锡林郭勒盟东乌珠穆沁旗游牧文化生态保护区，还有即将申报第二批自治区级文化生态保护区的赤峰市阿鲁科尔沁旗游牧文化生态保护区都是保护和传承勒勒车文化的重要区域。

① 王文章：《非物质文化遗产概论》，文化艺术出版社 2006 年版，第309 页。
② 刘魁立：《论非物质文化遗产保护的整体性原则》，《广西师范学院学报》2004 年第 4 期。

## 二、生产性保护

非物质文化遗产仅仅依靠政府部门的一些扶持政策很难激发其发展。在当今社会发展前景下，非遗项目需要想方设法融入现代生活。因而，在政府和众多文化工作者的共同探索下，提出了"生产性保护"方式。非物质文化遗产生产性保护是指在具有生产性质的实践过程中，以保持非物质文化遗产的真实性、整体性和传承性为核心，以有效传承非物质文化遗产技艺为前提，借助生产、流通、销售等手段，将非物质文化遗产及其资源转化为文化产品的保护方式。[①] 这里要说明生产性保护与产业化是有所不同的，生产性保护是在保护非遗项目核心概念的前提下，"把非遗手工艺品作为文化产品进行营销，提高非遗项目的知名度"[②]，而不是把非遗项目完全当成一个被市场规则和规律控制的经济产品。生产性保护是让非遗项目走"商业化"道路，通过非遗代表性传承人这个媒介来发挥传统文化的经济价值。非遗项目生存的特定环境、传承人以及其独特性质不改变的情况下，我们可以"合理利用、开发促保护"非遗项目。

勒勒车融合了民间文学、传统技艺、民俗等众多文化因素，因而我们也在尊重其本真性和传统性的前提下，通过市场更好地实现其价值，使其更好地融入到当今社会大环境。2019 年由中共中央宣传部、文化和旅游部、财政部联合印发的《非物质文化遗产传承发展工程实施方案》中特别强调非物质文化遗产保护要坚持"创造性转化、创新性发展"的原则。要求"尊重非遗基本文化内涵，弘扬当代价值，推动非遗在人民群众的当代实践中实现创造性转化、创新性发展，不断增强非遗的生命力和传承活力"。中共中央办公厅、国务院办公厅《关于进一步加强非物质文化遗产保护工作的意见》中指出要"坚持以社会主义核心价值

① 《关于加强非物质文化遗产生产性保护的指导意见》文非遗发〔2012〕4 号。
② 任江波：《浅论非遗"生产性保护"与"产业化"区别》，《文化产业半月刊》2018 年 2 月第 4 期，第 20 页。

观为引领，坚持创造性转化、创新性发展，坚守中华文化立场、传承中华文化基因"。这"两创原则"正符合唯物辩证法关于一切事物都在运动、变化中发展的规律。勒勒车制作技艺的保护和传承更需要创新思维去延续它的文脉，使其融入现代社会，焕发新活力。在当今社会背景下，勒勒车只有走跨界融合、转化再生的路径，才能有效地融入现代社会，保持其生命力。

### 1. 勒勒车衍生产品的开发

在勒勒车正在失去其使用价值的前提下，要重点发掘其艺术价值和教学价值。比如按照实际操作的程序，不落下每个部件的前提下，做勒勒车模型等文化衍生品。同时可以作为传统文化的教学工具，让学生按照勒勒车安装程序组装，等等。目前来看，这些产品很多只停留在理论上，实际商业化运作还需加大宣传和创新（图 5-1）。

### 2. 与旅游结合发展

2018 年，文化和旅游部部长雒树刚在全国非物质文化遗产保护工作先进集体先进个人和第五批国家级非物质文化遗产代表性传承人座谈活动上，首次强调推动非遗与旅游融合发展的思路，

图 5-1　勒勒车模型

认为在文旅融合的大趋势下，"非遗 + 旅游"是非遗活态传承的有效实践。因此，将勒勒车与旅游有机结合也是"非遗后"时代勒勒车保护传承工作的一种方式。在传统锡林郭勒盟、呼伦贝尔市、赤峰市等文化浓厚的地区建立游牧文化生态保护区基础上，让游客亲身参与勒勒车制作或组装活动，让更多的旅游者正确认识、了解、体验勒勒车文化，这不仅会带动地方经济发展，也会让传承人和基层牧民真正参与到勒勒车的传承传播工作当中。

### 3. 借助"互联网 +"技术，创新传播模式

"互联网 +"已经成为整个社会发展的主流方式方法，各类新媒体的出现对勒勒车等传统技艺类非物质文化遗产项目的传播、发展提供了崭新的机遇。抖音、快手、微信等新媒体平台成为社会各界接受信息的主要路径。勒勒车制作技艺中包含很多科学的技艺技能和智慧，如榫卯结构设计、数学知识，等等。赤峰市阿鲁科尔沁旗的民间艺人（木匠）魏国明通过抖音、快手等自媒体平台宣传自己制作勒勒车、凳子等技艺，获得了 20 万以上粉丝的浏览和评论。VR、AR、元宇宙等虚拟技术给社会提供了交互体验的机会。立体化的体验空间使得群众通过沉浸式体验体会勒勒车的制作过程，感受制作的乐趣。

### 4. 加强勒勒车理论研究

积极开展勒勒车文化相关课题研究和专题调研，发表和出版具有针对性和指导性的调研成果，着力推动勒勒车理论创新和成果转化。

目前从非物质文化遗产保护角度研究相关勒勒车的成果还很少。我们应该从非遗保护理论的角度，进行深层次的研究，为勒勒车文化的有效传承和发展提供科学的理论依据。如及时实施记录保存勒勒车及游牧文化相关工作，采访亲身经历和实践过的牧民、匠人，从他们的口述史中描述勒勒车文化的整个内容，为后

人留下宝贵的、具有研究价值的第一手资料。

非物质文化遗产保护是一个综合性较强的工作，保护工作不仅要兼顾个体和整体，也要随着时代发展，勒勒车文化保护工作也一样。在真实的传承优秀的传统蒙古勒勒车文化的基础上，在不违背其核心理念的前提下，我们也要开拓思维，寻找符合时代需求的创新性方式来发展勒勒车文化。

1. ［北宋］沈括.《熙宁使虏图抄》,《奉使辽金行程录》。

2. ［北宋］司马光.资治通鉴［M］.［元］胡三省,音注.北京:中华书局,2013.

3. ［元］苏天爵.元文类(卷四十二)［M］.上海:上海古籍出版社,1993.

4. ［清］程廷桓,张家璠.呼伦贝尔志略［M］.上海:上海太平洋印刷公司,1924.

5. ［清］西清.黑龙江外记［M］.哈尔滨:黑龙江人民出版社,1984.

6. 阿古达木,策·乌日根.蒙古族婚礼［M］.呼伦贝尔:内蒙古文化出版社,1987.

7. 阿木尔巴图.蒙古族美术研究［M］.沈阳:辽宁民族出版社,1997.

8. 宝·福日来.蒙古族物质文化［M］.呼和浩特:内蒙古人民出版社,2012.

9. 布林特古斯.蒙古族民俗百科全书·物质卷(上册)［M］.呼和浩特:内蒙古教育出版社,2015.

10. 曹纳木,苏达那木道尔吉,莫·赛吉拉夫.蒙古族忌讳

［M］.呼和浩特：内蒙古人民出版社，2006.

11.策·达木丁苏隆.蒙古秘史［M］.谢再善，译.北京：中华书局，1956.

12.陈玉华.赤峰非物质文化遗产代表性传承人［M］.赤峰：内蒙古科学技术出版社，2021.

13.东北文化社编印处.东北年鉴［M］.佳木斯：东北文化社，1931.

14.冯恩学.辽墓壁画中的车［M］.北京：知识出版社，1998.

15.盖山林，盖志浩.内蒙古岩画的文化解读［M］.北京：北京图书馆出版社，2002.

16.盖山林.盖山林文集［M］.哈尔滨：黑龙江教育出版社，1995.

17.盖山林.蒙古族文物与考古研究［M］.沈阳：辽宁民族出版社，1999.

18.盖山林.阴山岩画［M］.北京：文物出版社，1986.

19.葛·纳·胡尔查毕力格.蒙古族丧葬文化［M］.呼伦贝尔：内蒙古文化出版社，2003.

20.花楞.内蒙古纪要［M］.北京：北京共和印刷局，1916(民国五年）.

21.贾敬颜.沈括《熙宁使契丹图抄》疏证稿，五代宋金元人边疆行记十三种疏证稿［M］.北京：中华书局，2004.

22.李国豪.中国科技史探索［M］.上海：上海古籍出版社，1986.

23.林幹.匈奴史［M］.呼和浩特：内蒙古人民出版社，1976.

24. 罗卜桑悫丹 . 蒙古风俗鉴 [M] . 呼和浩特：内蒙古人民出版社，1981.

25. 《蒙古学百科全书》编辑委员会，《民俗卷》编辑委员会 . 蒙古学百科全书·民俗卷 [M] . 呼和浩特：内蒙古人民出版社，2015.

26. 内蒙古人民出版社 . 蒙古族谚语 [M] . 呼和浩特：内蒙古人民出版社，1982.

27. 万福麟，张伯英等 . 民国黑龙江志稿 [M] . 南京：[出版者不详]，1932（民国二十一年）.

28. 王文章 . 非物质文化遗产概论 [M] . 北京：文化艺术出版社，2006.

29. 王晓琨 . 无问东西：锡林郭勒考古所见的文化交流与互动 [M] . 北京：中国社会科学出版社，2022.

30. 魏收 . 《魏书》卷一百三《列传第九十一·高车》[M] . 北京：中华书局，1974.

31. 乌兰，朝格都那仁 . 《元朝秘史》版本丛刊 [M] . 呼伦贝尔：内蒙古文化出版社，2017.

32. 邢莉 . 游牧中国：一种北方的生活态度 [M] . 北京：新世界出版社，2006.

33. 徐珂 . 清稗类钞（第46册）[M] . 北京：商务印书馆，1917.

34. 徐万邦，祁庆富 . 中国少数民族文化通论 [M] . 北京：中央民族大学出版社，1996.

35. 扎·玛克斯尔扎布，赛音吉日嘎拉 . 鄂尔多斯民俗（蒙古文）[M] . 赤峰：内蒙古科学技术出版社，2014.

36. 札奇斯钦 . 《蒙古秘史》新译并注释 [M] . 联经出版事

业公司，1979.

37.朱狄.信仰时代的文明：中西文化的趋同与差异［M］.北京：中国青年出版社，1999.

38.［波斯］拉施特.史集（第一卷）（第二分册）［M］.余大钧，周建奇，译.北京：商务印书馆，2017.

39.［波斯］拉施特.史集（第一卷）（第一分册）［M］.余大钧，周建奇，译.北京：商务印书馆，1997.

40.［德］Julius E.利普斯.事物的起源［M］.汪宁生，译.兰州：敦煌文艺出版社，2000.

41.［俄］叶莲娜·伊菲莫夫纳·库兹米娜.丝绸之路史前史［M］.［美］梅维恒英文编译，李春长，译.北京：科学出版社，2015.

42.［法］沙海昂.马可波罗行纪［M］.冯承钧，译.上海：上海古籍出版社，2014.

43.［美］罗伯特·F·莫非.文化和社会人类学［M］.北京：中国文联出版公司，1988.

44.［美］威廉·费尔丁·奥格本.社会变迁——关于文化和先天的本质［M］.王晓毅，陈育国，译.杭州：浙江人民出版社，1989.

45.［蒙古］达·迈达尔，拉·达力苏荣.蒙古包［M］.呼伦贝尔：内蒙古文化出版社，1987.

46.［瑞典］多桑.冯承钧译.多桑蒙古史（上册）［M］.北京：中华书局，1982.

47.［意］柏朗嘉宾，［法］鲁布鲁克.柏朗嘉宾蒙古行纪，鲁布鲁克东行纪［M］.［法］贝凯，韩百诗，［美］柔克义，译注.耿昇，何高济，译.北京：商务印书馆，中国旅游出版社，

2018.

48. ［意］马可·波罗. 马可波罗游记［M］. 李季，译. 上海：上海亚东图书馆印行，1936.

49. ［英］爱德华·泰勒. 原始文化［M］. 连树声，译. 桂林：广西师范大学出版社，2005.

50. ［英］道森. 出使蒙古记［M］. 吕浦，译. 周良霄，注. 北京：中国社会科学出版社，1983.

51. Harry A.Franck. Wandering in Northern China ［M］. New York: D. Appleton-Century Company, 1923.

52. Н. Батболд. Монголын хадны зураг ［M］. Улаанбаатар: ［s. n.］, 2016.

期刊论文：

1. 安英，苏明明. 论匈奴与北方草原游牧文化［J］. 内蒙古艺术，2013（1）.

2. 波·少布. 古列延游牧方式的演变［J］. 黑龙江民族丛刊，1996（3）.

3. 德红英. 达斡尔族木轮车的民俗研究［D］. 北京：中央民族人学，2006.

4. 龚缨晏. 车子的演进与传播——兼论中国古代马车的起源问题［J］. 浙江大学学报（人文社会科学版），2003（3）.

5. 李兵等. "勒勒车"名称及其内涵的现代变迁考略［J］. 工程研究—跨学科视野中的工程，2021（9）.

6. 刘魁立. 论非物质文化遗产保护的整体性原则［J］. 广西师范学院学报，2004（4）.

7. 刘瑞俊. 内蒙古草原地带游牧生计方式起源探索［D］. 北

京：中央民族大学，2010.

8. 刘馨，高晓霞 . 中国北方少数民族传统车具初步研究［J］. 内蒙古农业大学学报（社会科学版），2016（2）.

9. 任江波 . 浅论非遗"生产性保护"与"产业化"区别［J］. 文化产业半月刊，2018（4）.

10. 宋佳 . 试析契丹驼车起源［J］. 东北史地，2012（3）.

11. 特木尔布和 . 阿鲁科尔沁勒勒车制作技艺及民俗探析［D］. 呼和浩特：内蒙古师范大学，2015.

12. 特日根巴雅尔 . 岩画所见古代游牧民族车形 ——以中亚地区 152 组车辆图形岩画为例［D］. 呼和浩特：内蒙古师范大学，2018.

13. 童恩正 . 中国北方与南方古代文明发展轨迹之一同［J］. 中国社会科学，1994（5）.

老木匠的故事
——勒勒车制作
技艺传承人白音
查干口述史

口述人：白音查干

采访者：宝力道、叔嘎拉

宝力道，原内蒙古自治区赤峰市阿鲁科尔沁旗文化馆工作人员。

叔嘎拉，内蒙古自治区艺术研究院（内蒙古自治区非物质文化遗产保护中心）研究室负责人。

采访时间：2016 年 9 月 26 日至 28 日

采访地点：内蒙古赤峰市阿鲁科尔沁旗巴彦温都尔苏木苏门塔拉嘎查

2009 年 6 月，文化部（现文化和旅游部）命名了第三批国家级非物质文化遗产代表性项目代表性传承人，其中白音查干被命名为《蒙古族勒勒车制作技艺》项目国家级代表性传承人。

## 一、成长经历

本部分主要采访了白音查干的人生经历、成长和社会环境等情况。

采访者：您好！请您介绍一下自己的基本情况吧。

白音查干：您好！我叫白音查干，庚辰年（1940 年）出生，属龙的，今年 77 岁了。赤峰市阿鲁科尔沁旗巴音温都尔苏木人。我们属于道劳嘎德部，这个部落在阿鲁科尔沁比较少，呼伦贝尔一带比较多。

我父亲叫青鲁图，母亲叫莫德格。母亲是（阿鲁科尔沁旗巴彦温都尔苏木）宝力格嘎查的，是台吉部落人。我们兄妹五个：两个姐姐，一个哥哥，一个弟弟，我是老四。我三岁时父亲就去世了，母亲一人养我们长大。父亲去世后住在我们舅舅家附近，后来为了不给添舅舅麻烦，搬到了希日宝特（地名）。再后来就搬到苏门塔拉（地名）了。

那时候我们一年四季都住在蒙古包，夏天搬到夏营盘，在黑哈尔河① 东边。冬天用柳条包好蒙古包，再用泥巴糊上，包里还有炕，很暖和的。顶棚不能用泥，用草盖好，所谓的"草房"就是这样的。草用的是艾草，先把艾草压好定型后铺在蒙古包顶上，再用柳条包上。那时虽然条件不太好，但也没觉得冷，当时也盖薄一点的毡子，很暖和。从我记事时候都是这样的。

采访者：那时候主要是以牧业为主吧？也耕地吗？

① 也称之为哈黑尔河，发源于阿鲁科尔沁旗罕乌拉山脉，流经巴彦温都尔、巴彦宝力格、罕苏木、赛罕塔拉和扎嘎斯台等 5 个苏木。

白音查干：以牧业为主，但也种漫撒地。在嘎查右边苏敏盆地和斯日格盆地种地。我们在荒地上撒上种子之后，用犁耙翻地就行了。我们用 5 头牛牵引犁，那时没有铁犁，都是木犁。木犁有犁镜，刚开始单铧犁，后来有了双铧犁。那时也不知道除草什么的，简单清理一下叉分蓊就行。种完一般 60 天或 90 天后收地，通常种糜子和荞麦，不种小米。

秋收时就在庄稼地旁边做打谷场。当时哪有现在的机械啊，把庄稼收好了放在场里用五六只牛碾糜子。上面的米粒都掉下后再翻一遍，再让牛踩。这时候要注意安全，我以前不小心被牛拉伤过脚，那个伤现在偶尔也会复发。那时候我们是给别人干活的，家里条件艰苦，得挣点米面。哥哥身体不好干不了活，弟弟也太小，所以都是我出去干活。母亲也出去做收割糜子等活。那时候条件很艰苦的，我 8、9 岁时候跟着母亲去乞讨，很多人会施舍点的。

采访者：那时主要用什么交通运输工具？

白音查干：用勒勒车代步呗！

采访者：那时候的勒勒车一般套几头牛呢？

白音查干：我的车就套一头牛。去赶"达布森·阿寅"① 等等地都用勒勒车。有人还去过通辽市开鲁县，但我没去过。

采访者：牛车一天大概走多远？

白音查干：80 里地，到罕苏木（地名）一天就能到，从早晨出去到晚上这个时候就到了。

采访者：这是远行时候用，那在家时勒勒车主要用在哪儿？

白音查干：收庄稼时，拉草、粮食、牛粪、木柴等都用。一般妇女们串门儿也赶车去。

采访者：赶阿彦（运输）走几个车？

白音查干：我是用三个车。

① 达布森，为蒙古语，意为盐（的）；阿寅，为蒙古语，意为"远行"。达布森·阿寅意为盐运。

采访者：套三个牛？把三个车连在一起啊？

白音查干：对，在车辕上拴住就行。那些牛都驯好了，然后就牵着走。那时我们这里最多有走八个车的，那样得分多啊。我那时太小，带不了那么多车。钱分三份：牵牛的一份，赶车的一份，牛主一份。我就三个车，挣不了多少，但比闲着没事做好。那时候我没有车，车主一份，我一份，牛一份，这样分的。

采访者：您什么时候有自己的车？

白音查干：16 岁的时候，我自己就有车了。

采访者：自己做的？

白音查干：自己做的，我有一头牛，第一次做的车不太好，有点翘棱。第二次做的很好，没有任何瑕疵。就这样慢慢就喜欢木工了，什么都开始做了，蒙古包也能做了。蒙古包各部件都有各自的模子，按着模子样式做就行了。

采访者：您几岁上的学？

白音查干：七八岁时。

采访者：学校在哪儿？

白音查干：就在这庙里。

采访者：这是什么庙？

白音查干：嘎布朱庙。

采访者：大概有多少喇嘛？

白音查干：大概 30 多个吧，刚才说他们跳查玛呢嘛！

采访者：学校在庙的哪个位置？

白音查干：就在西南角，是借用庙的仓房。

采访者：喇嘛也上课吗？

白音查干：那时候有小喇嘛，他们也在读书呢。

采访者：和你们一起吗？是那些年龄小的喇嘛呗？

白音查干：是，都一起上课。后来把庙被拆了，学校也就没了。

采访者：是 1947 年拆的吗？

白音查干：大概是吧，庙被拆的时候我没到 10 岁。

采访者：上了几年学？

白音查干：两年吧，有时候一星期里两三天都不去学校。

采访者：为什么呢？

白音查干：冷啊，没有厚衣服，走不了呀。我们老师叫根培勒，是巴彦温都尔苏木的，已经去世了。

采访者：在学校主要学了什么？

白音查干：蒙古文字母、简单的语法、写整字，等等。

采访者：除了蒙古文还学什么？

白音查干：还学过新蒙古语——斯拉夫蒙古文，但现在都忘了。

采访者：您十六岁时，合作社为主还是个体为主？

白音查干：个体，都贵龙①还没成立。自己放羊，给别人放羊，挣钱养活自己啊。那时候都轮流着放羊，我也去，晚上得好好看啊，有狼呢。能挣到买衣服的钱呢。都贵龙（组）建立后也轮流放牧来着，合作社建立后牲畜都是集体的了，所有人都放牧。合作社时候我 16 岁，一边放牧，中间还做些木工。

① 村组。

采访者：你们小时候从哪里拉水？

白音查干：井里呀，有大口井来着。

采访者：那时有井了？

白音查干：几户人家联合打个井。

采访者：夏营盘时候怎么吃水？

白音查干：那时也饮用河水。

采访者：黑哈尔河水吗？

白音查干：是啊，或者在河边打个小浅井。那时候水源丰富，用木桶打水。现在每家都有水泵了，多好的时代啊！在家坐着就跟外人聊天了，国家这么好，党这么好！这个好生活都是主席阿爸给我们的呀！国家给的这么多，有些人还不满足，说缺这个少那个。

## 二、学艺及实践经历

采访者：您怎么学会制作勒勒车的？

白音查干：看着别人做就学会了。十来岁就开始做了，但技艺不精湛。

我父亲是木匠，手艺传承啊。懂事后才明白了传承父亲手艺的重要。我的喇嘛大爷是木匠，也是铁匠。他们还留下了小斧子、凿子、锯等工具，但现在都没有了。后来我就借别人的凿子、锛子等工具，现在都有新式工具了。

采访者：木匠是自己学的，还是拜师学艺？

白音查干：自己学的，看着别人做。

采访者：看过谁做的？

白音查干：就西边邻居的老阿爸，叫达木仁。他给我一把尺子，还跟我说"别问我问题，问别人"！有一次他做套脑（蒙古包天窗）的木材，用手量的尺度和用尺子量的一模一样，他手很准的。那时候还有个叫桑布的阿爸，是很有名的木匠。还有达日罕的色登，玛日苏乌玛加德（总引经师）都是老一辈木匠了。

采访者：您第一次做木匠做的是什么？

白音查干：勒勒车。

采访者：第一次做的就是勒勒车？那时您几岁啊？

白音查干：是的，那时应该是 14 岁。

采访者：14 岁就会做了？

白音查干：对啊，我自己做的。

采访者：从哪儿弄的木材？

白音查干：在乌日勒图（地名）夏营盘放羊时捡一些木头。在夏营盘我住在达木仁阿爸家放羊，那时候就看他做车，跟他学的。回冬营盘（嘎查）的时候我已经捡了一块做勒勒车的木材了，回去后我按他的方式做的，但那个车有点翘棱了。我们嘎查的玲杰瑟阿妈鼓励我说，"我们白音查干做的车非常漂亮"。

我也卖过自己做的车，卖了 45 元，那时就 45 元就很值钱啦！我卖过两辆车。老人们会跟我说从哪个山取材好，我就去好好挑木材。伐树时候要爱惜森林，不能滥砍滥伐的。黑哈山上没有做车毂的木材，罕山能找到。东山能找到车毂木材。

采访者：东山是指古格斯台罕山吗？

白音查干：是的。那边的木材是供应国家的。树枝什么的都会给牧民，不会浪费。偶尔也能找到车毂木材。我家只有一辆车，很多人家都有两三辆车。富人家有两三头役畜，也有五头的。

采访者：您开始学的时候，去给别人帮忙吗？

白音查干：是啊，先去帮忙。这样他们看我手比较巧就说我很有天赋。这东南边有个叫大（dài）王灯苏木，我们夏天也去那里放牧。苏木的东边有个木工厂，我也过去看他们怎么做，有时也用他们的刨、锯试试。两个人拉的大锯，一般人是不会的。那时候没有机械工具，大锯就得人工拉，我就这样学的。做车时候，先想想大小，然后就做。

采访者：那大小怎么计量的？

白音查干：对称时候先大概地计算一下，整体不能有太大差距。然后用尺子细量。木工厂有木尺子，我就模仿那个用鼠李木做了尺子。用木头做勒勒车一般不用尺子，用手量就行，但用木板子做的话就得用尺子。

采访者：您刚才说夏营盘在什么地方？

白音查干：茫汗苏，意思是有沙丘的地方。

采访者：在东南边那个吗？

白音查干：东南边大（dài）王灯上。

采访者：大王是什么意思？

白音查干：说是以前有个大王在那里住着的，是个传说。我就奇怪他怎么能在灯上住呢？应该住在山上啊！就叫大王灯。我们的夏营盘也在那里。那时候苏木南边人少，把羊赶到大王灯就去木工厂了。这样边问边做学的。

采访者：学做勒勒车的时候有没有固定的步骤？

白音查干：也没有什么步骤。模仿别人制作，自己不动手哪能学得来？试着用凿子打个孔，有时还打歪了，用凿子害怕啊，迎击的时候超出固定范围了，后来有经验的师傅从侧面放了个木片就纠过来了。衔接车辋榫卯时候也出过错，短了3寸左右。心想这会闯大祸了，木头不能伸缩啊！然而师傅们还是有办法，把辐条榫眼位置改一下就接好了。我学了不少这种技巧方法。

采访者：老师傅们的手艺很厉害啊！

白音查干：是的，他们的技艺很高超，竟能把短缺的补回来。当时的我不知道这些方法，都蒙了。他们把榫眼位置一点一点改动一下，就能把榫卯相接。我当时真没有这本事，现在是老手了。

采访者：您专门拜过师吗？

白音查干：一直没有拜师。就是问问老匠人，也没有人专门教我。你得多看，多学。达木仁阿爸说，"你都超过我了，这榫卯接得多好"。确实后来比他们做的好了。

采访者：刚才您说最初制作车时一般不用尺子，是用手计量的？

白音查干：对，后来也用圆规尺子了。

采访者：最初做车时车辕长短怎么定的？

白音查干：那不一样，看车大小、木材而定。

采访者：您是怎么计量的？

白音查干：因为木材不够，先做了 8 拃<sup>①</sup> 长的车辕。从横掌开始可以接剩余部分的车辕。这样用两个车辕接上就可以。当时我没有木材么，只能接上。车辕一般是 20 到 22 拃，最短 18 拃。木材短的话可以跟刚才说的那样接。用两个车辕接，将车辕从一面横穿过去接上，跟整木一样的。接车辕时候，木材不能这样（左右排），而是这样（上下叠）接。

①量词，指张开的大拇指和中指（或小指）两端间的距离。

采访者：那后半部分车辕不细了吗？

白音查干：木材选好了就一样的。一定要这样（上下叠）接。要接的木材必须要放在下面，然后用两个车辖固定就可以。两个车辕的四个车辖，跟整木做的一样的。

采访者：那样的话，横掌不是上下不平衡了吗？

白音查干：不会的，相接部分在套牛那一段，不是在有横掌那一段。可以找到八九个能安装横掌的木材呢，不能接在横掌上。

采访者：车辕用几个车辖来接？

白音查干：两个车辖。

采访者：距离多少？

白音查干：一个虎口<sup>②</sup> 或者一拃左右都可以。

②长度单位，指大拇指和食指伸开的距离。

采访者：车辖多宽？

白音查干：4 寸。

采访者：衔接两个车辕时候也有榫卯，那车辖宽是 4 寸，那长度呢？

白音查干：1 寸就行了。

采访者：制作勒勒车有什么口诀吗？

白音查干：没有口诀。

采访者：有窍门吗？

白音查干：有来着，比如"梳子一样散开后就像圆圆的月亮"说的是车轮，"圆鼓木头，有铁套"指的是车毂。

采访者：这些是谜语，有制作技巧的口诀吗？

白音查干：没有啊。

采访者：那您认为做勒勒车有没有技巧或者是规律？

白音查干：也没有什么规律可循，按照车的整体情况做就行了，没有那么复杂。

采访者：从哪个部件开始做才对呢？

白音查干：其实从哪儿开始都一样，一般从做车毂开始做。先把木材修成车毂的形状，烤好后再打孔。

采访者：那就是从做车毂开始学呗。

白音查干：对，还得先做车轮部分。

采访者：车轮就包括车毂、车辐、车辋等部分。那做车毂时候先把车毂用火烤好。

白音查干：先把木材修成车毂的形状，然后烤。

采访者：然后再给车毂打孔吧？

白音查干：先安装车辐。

采访者：不是先给车毂打孔吗？

白音查干：不是，先在车辋上安装车辐后再给车毂打孔。车毂上安装车串时先把车串位置画好后再打孔。有车串的话跟凿子容易碰撞，对凿刃不好。所以先画好后打孔。烤车毂之前先打个样孔，很小的。用凿子打孔非常麻烦。先打个小孔，为了防止车毂裂开。这样后边安装车串后，根据它的孔把车毂的孔修好就行了。原先给车毂修孔是在冬天，在原来打好的小孔里放牛粪冻上。然后用凿子再打孔就行了，要不然会打裂车毂的。

采访者：这也是一种诀窍啊！

白音查干：这也是从老木匠那里学的。

采访者：那就是做车轮有这几个步骤，先做车毂，然后装车辐，再装车辋。初学者就学做车轮，大概用多长时间？

白音查干：稍微手巧的人看一遍就学会了，我就看了一遍就会了。达木仁阿爸说我"盯着盯着就会了"，做车是这样学的。

采访者：各部件的尺寸怎么计量？

白音查干：都有圆规呢。圆规上也有很多标记，长度计量、打孔位置等都有。我的圆规都是我自己做的，用这个测量就行。

采访者：在苏门塔拉，什么时候才开始不用勒勒车了？

白音查干：1981 年、1982 年前后的都在用。

采访者：是吧？我记得 20 世纪 90 年代来你们这里时候也见过勒勒车啊。

白音查干：有是有，但是不在生产上用。

采访者：那时也见过用有木轮、木毂的车，在 1991 年左右。

白音查干：也许有些人还在用呢。

采访者：铁质车轮出来后，木质车轮基本不做了。是吧？

白音查干：就是，有铁质车轮了嘛！

采访者：什么时候开始木质车辕也不用了？

白音查干：这就不太清楚了。

采访者：马车用吗？

白音查干：马车就是大车，"包产到户"以后就没人用了。

采访者：马车是套 4 匹马吧？

白音查干：对，我们这里"包产到户"后就没人用了。

采访者：有套一匹马的车吗？

白音查干：一些人把嘎查的大车买过去后套一匹马用来着。我们苏门塔拉嘎查有两辆大车来着。桑布买了其中一辆，套一匹马用。前几年还用来着。我也给他做过车辕，挺长的。跟那个大车车辕一样，稍微细，还短。有时候驴车上也套马用。汽车出来后，这些车就被人们嫌弃了。先出来四轮车（拖拉机），然后三轮车，到现在都有汽车了。这社会发展的，这厉害，真让人羡慕！

采访者：起初我们用自己做的勒勒车，然后出现了驴车、马车……

白音查干：驴车用得还比较晚些。

采访者：对，汽车普及后，传统车具都不用了。虽然目前没有什么太大的使用价值，但国家一直重视这些传统技艺。

白音查干：对，不能忘了本。

采访者：这也是一个很好的机会。

白音查干：不能忘了过去的生活。

采访者：也是传承制作技艺的好机会了。

白音查干：对啊，也让现在的孩子们了解我们曾经的生活。很多孩子们不认识勒勒车，会很好奇。一个孩子为了看勒勒车和蒙古包专门来过我这，想买回去来着，但家人没同意。要让孩子们知道过去，也让他们知道党和国家的好。党和国家才给了我们这么好的生活，我们自己做不到的。

采访者：做勒勒车时候有没有环境要求？有没有气候要求？比如现在这种下雨天气行吗？

白音查干：这不行，木材潮湿了就不行。尤其没有安装车辋的要放到仓库里防止潮湿。安装完车辋后没事，可以放在外面了。什么车也得修理，没有不坏的。

采访者：除了雨天，什么天气都能做勒勒车。

白音查干：对，都可以。

采访者：春夏秋冬，都可以。

白音查干：对，都可以。

采访者：您会做勒勒车是别人的学的。那么徒弟过来学做车时候，有没有分工？

白音查干：没有的，边做边学。我都是比较细致地教给他们的。

采访者：那是不是先给他们示范一下？然后你徒弟边看边学？比如给车毂打孔的时候，你是打一半后让徒弟做呢？还是你做完一个，另一个车毂是徒弟打孔？

白音查干：这个得边做边教，现在都是用机器打孔了。

采访者：用凿子的话呢？

白音查干：那就一点一点地打呗。给木墩打孔很烦琐，就那么小孔，不能太大了。不像做臼，臼是中间要凸，然后往两边削。给车毂这样打孔的话就废了。

采访者：打车辐孔的时候，是与徒弟一起做吗？

白音查干：嗯，就得让他们动手打孔。

采访者：这样就学会了？

白音查干：对。打凿子时候也有讲究。先这样（内侧），然后这样（外侧）打，从两侧开始往内部收拢。这个不能随便打的，不然凿子刃部被木咬住出不来。用凿子往上剔木屑，这样打。

采访者：您第一个徒弟是谁呀？

白音查干：除了特格喜都楞，还有乌珠穆沁人奥茂，现在都60多岁了。

采访者：那是什么时候的事情呢？

白音查干：公社的时候，那时候还四季轮牧呢！

采访者：您徒弟是西乌旗（西乌珠穆沁旗）哪里人？哪个苏木嘎查的？

白音查干：宝日嘎斯台苏木巴音胡波嘎查。

采访者：他跟您学了多长时间？

白音查干：我每年到夏营盘时他就过来学。

采访者：轮牧时候啊？

白音查干：我们那时去浩雅日淖尔（地名），我从这里拉着木材过去。那时乌珠穆沁一年就一次开山伐木，我也去伐木。在那儿我们一起做车时候学会的。

采访者：浩雅日淖尔具体在哪里？

白音查干：在西乌珠穆沁旗，在宝日嘎斯台东边。

采访者：那时夏营盘啊？

白音查干：对，去那里让牲畜吃盐硝。

白音查干：第二个徒弟是赛音都楞，第三个是乌云毕力格，在北京呢。

采访者：那些徒弟学到什么程度算出师了？

白音查干：把整车都能做好就可以了。

采访者：如何鉴定做出来的车好坏？

白音查十：用手验一下，晃动一下就知道了。做得不好，各部件都会松动，所以安装部件要循序渐进。把车左右摇一下，听听发出的声音就知道做得好不好，听听声音是否嘈杂就知道了。

采访者：什么样的车是合格的，什么样的不是？

白音查干：做得不好的各部件之间有缝隙。

采访者：您说过左右摆动一下车就知道了，具体说一下好吗？

白音查干：做得不好的话，车是松动的。这（车上半部）一样也会松动。徒弟们做过的车里也有次品。每个衔接部分，包括四边，都不能有缝隙。辐条都有尺寸，按照尺寸把缝隙补好就行，怎么捶打也不会裂开的。做辐条时候先做个垫木，在垫木上放木材，用锛子削。垫木顶部有突出的部分就是辐条细头的宽和厚度，然后按照垫木削就可以了。

采访者：您总共有多少徒弟？

白音查干：真正学的也就 4 个。

采访者：奥茂、都叶（赛音都楞）、乌云毕力格三个，敖特根巴雅尔是第四个。

采访者：您的同龄人中有谁还在做勒勒车啊？

白音查干：贺西格老头还在做车呢。

采访者：你俩做的车有没有技术上的差别？

白音查干：基本一样，勒勒车没有太大差别。一些年轻人也在学呢，是好事。他们也想着培养徒弟呢，徒弟应该也会再培养徒弟吧！把所有知道的都得传下去，不能藏着掖着。

采访者：会保留一些技术吗？

白音查干：肯定有。

采访者：大概会保留什么呀？全部技术啊，还是某些部分？

白音查干：其实都一样，老木匠们一般不会告诉细节。但那些细节细心看的话会学到的。制作的时候仔细看，记住就行。你得拿到制作勒勒车的模具。对照老木匠们的模具，自己做。然后就看你造诣了，根据模具制作可以。

采访者：你们原先做车都是手工制作的，现在您徒弟都在用机器制作。用现代技术在制作，制作方式有了改变了。您对这有什么想法？

白音查干：还是国家好，高科技好啊！所有传统工具都变成机械的了，我们可做不了。那是科学，把用手工作的技术变成机械做的技术，这不是科学么！

采访者：机器做的有什么好处吗？

白音查干：快，色泽鲜明。但是质量不如手工做的，做出来的各部件薄而细。其他没有什么区别，一样的。

采访者：他们为什么用机器做？

白音查干：懒呗，不是有个懒惰这东西吗！机器省时省事啊！没有机器的话就手工做。

采访者：用机器主要做哪些勒勒车部件？

白音查干：都能做，辐条都能做，机器能调尺度。把锯条在机器上按尺度固定好后锯出来的辐条一模一样，这也是科学啊。

采访者：用机器做比起手工做确实一个科学创新，你们这一辈人对机器制作有什么看法？

白音查干：我是赞成的。从手工变成机械，这都是科学啊。科学是难得的宝贝啊，做车的时候就会有改进的想法，不做的话肯定不会有。你看机器做辐条，把尺度固定好了就很快锯出来。你用凿子做的话，还得有垫木才能削准。用机器做多方面，调好把木材放进去就行了。辐条（宽度）要比辐孔大1寸（5寸），然后把顶部修好就可以。其实手工做也是一样的。

采访者：什么要大1寸？

白音查干：宽度。没干的木材会膨胀的，所以辐条会衔接的越来越紧。要不然会松动，不牢固的。

采访者：手工制作和机器制作，原理是一样的。机器做省时间。

白音查干：确实快，但是部件不太坚固。

采访者：也省力。

白音查干：也省时省力。好好做的话，一天能做一个勒勒车。

采访者：您徒弟都喜欢用机器？

白音查干：那是啊，省事啊！

采访者：原先做的人多的时候，有过竞争对手吗？

白音查干：没有啊，我没遇见过。不会出现这个事情的。

采访者：现在有跟赛音都楞（徒弟）竞争的人吗？

白音查干：没听说过。这竞争什么呢！要是有能耐自己学好了做自己的呗！如果有人跟我面对面竞争的话，我会跟他说"学好了后做自己的吧"！

采访者：如果有竞争对手也做勒勒车的话，对赛音都楞有什么影响？

白音查干：没影响，人们找技术好的去做呗。一般是技术不好的人才去争抢别人的东西，不会做的人才去争抢。这种事情这里还没有，以前也没有。

采访者：上午您说过自己有 4 个徒弟，那您选徒弟时怎么选？选择还是来者不拒？

白音查干：得选手巧的人，手笨的人不行啊！

采访者：怎么辨别一个人是否手巧？

白音查干：比如都叶（赛音都楞）他是做车辕的人，给驴车、马车做辕，这种人手巧，手工做来着。然后我让他跟着我做勒勒车了。什么都不懂的不能选。还有一个因素是自己必须喜欢木工。都叶（赛音都楞）做勒勒车是从我这里开始的。

采访者：您爱人叫什么名字？

白音查干：胡达古拉。

采访者：您有几个孩子？

白音查干：两个。

采访者：两个姑娘？

白音查干：是啊。

采访者：女孩子不会做木匠活吧？

白音查干：娜娜（小女儿）能做车呢。

采访者：是帮您的吗？

白音查干：不光是帮忙，她锯木技术还很厉害的。门啥的，她拿着凿子就能做出来。一般木匠活都能做，后来就不愿意做了，不喜欢了。

采访者：这女孩子不能整天做木匠活的，也没有先例吧？

白音查干：对对，后来自己也不喜欢了。有时候我忙不过来就让她帮忙。她拉锯拉得好，拉锯也不容易呢。

采访者：两个女婿做木匠活吗？

白音查干：两个女婿都不做。

采访者：两个姑娘有几个孩子？

白音查干：小姑娘有一个儿子，大姑娘两个儿子，一个是我的徒弟，在北京呢。

采访者：乌云毕力格？

白音查干：是啊，很早入门的徒弟。跟都叶（徒弟）一起学的。他弟弟也入门学徒了。

采访者：乌云毕力格的弟弟？

白音查干：是，哈斯毕力格。

采访者：都是你的外甥。

白音查干：是的。

采访者：您这门技术最想传给谁？

白音查干：就这几个徒弟。其他的心有余而力不足了。这4个就够了。

采访者：如果没有列入非物质文化遗产名录当中，这门技术会到这程度吗？

白音查干：不会的，没人做这门技术就没有了。政府没有重视的话，过段时间没人知道了。

采访者：也许勒勒车也没人知道了。

白音查干：差不多。这就是党和政府的功劳，我才能把这门技术传承下去。真的好。

采访者：勒勒车制作技艺列入非物质文化遗产代表性项目后，制作勒勒车的人才慢慢多了起来的吧？

白音查干：是呀！党的政策好啊，重视优秀传统文化。现在孩子们看了后也能了解历史。我现在就这样想呢，我现在的好生活就是国家给的。如果丢失传统文化了就什么都没了，整天坐汽车，会忘了过去，会忘了本。

采访者：勒勒车分多少种类啊？

白音查干：种类？就一个杭盖车。

采访者：整体上都是勒勒车，不按实际用途分种类吗？

白音查干：不用分，杭盖车上什么都能拉。

采访者：比如有专门拉水的车吗？

白音查干：乌珠穆沁旗有专门拉水的车。我们这里没有，就在杭盖车上拉上就行。我们去拉水不用跑那么远，做泥活时候用车拉水。

采访者：我们这儿有箱车吗？

白音查干：没有。

采访者：有篷车吗？

白音查干：这个有。我也做过篷车呢。

采访者：篷车就是杭盖车上安装一个篷吗？

白音查干：是的。

采访者：是制作杭盖车时候一起安装吗？怎么做的？

白音查干：一起做啊，那是一套。做完车轮、车辕后，在车辕上安装车篷。

采访者：在立柱和牙箱的位置上安装吗？

白音查干：对的，用四个长木辖，安装时距离要均匀，这样篷墙出来了。衔接鞍木的两个木辖装在中间，一共八个木辖。鞍木辖不能超过车辕，到车辕上侧就可以了。车篷底部有这么厚的木板。

采访者：原先牧民们都用勒勒车吗？

白音查干：都得用啊，最起码拉土修房的时候用。拉草，拉庄稼什么的都用勒勒车。骆驼车的话车轮大呀，辐条就半个庹长。

采访者：这儿做过吗？

白音查干：没做过，见过。

采访者：在哪儿看见的？

白音查干：在乌珠穆沁旗，见过骆驼车。

采访者：乌珠穆沁驼车。

白音查干：他们也赶着驼车来过这里。骆驼·阿彦也来这里。

采访者：跟牛车一样吗？

白音查干：大概一样，就是车轮高大。骆驼高大啊，所以车轮大。

采访者：车辕长吗？

白音查干：不长，还有点短。

采访者：怎么套骆驼的？跟牛车一样有轭吗？

白音查干：车辕短，用驼峰来拉车。把轭放在两个驼峰之间就行，也有肚带。

采访者：肚带是汉语。

白音查干：哦，原来是汉语啊！

采访者：拉紧肚带就能拉车了。

采访者：您作为师傅，如何让他们接受这些技艺的？

白音查干：多鼓励他们呗。因为他们喜欢这技术，所以问的也多，需要说的我也一定讲清楚。给他们画图看，就很容易懂了。我学的时候没有人这样传授的，我看了以后自己画下来。我教的时候给他们画，他们根据图做车就容易。画本身就是老师。

采访者：在过去的生活当中，勒勒车在重要的日子中有没有一定的作用？比如说在婚礼上用不用？

白音查干：婚礼上用篷车、箱车还有拉货的车。

采访者：接亲时候用吧？

白音查干：对。不管有没有载物品，有两个妇女坐在货车上，叫"压货"，这是一个习俗。篷车领头，然后货车等其他车跟着走。

采访者：篷车里坐什么人？

白音查干：送亲人，到新郎家时候他们先迎接坐在篷车里的人。

白音查干：是呀，乌朱穆沁地区嫁姑娘时，嫁妆例里有蒙古包和篷车，我们这里没有这个习俗。我们这里送亲时不用篷车。

采访者：那新娘坐什么车？

白音查干：就坐杭盖车过去。我们这里一般不做篷车，宝日勒阿爸有一个，我有一个来着。但都没在婚礼上用。

采访者：车辕用什么树做？

白音查干：桦树、榆树，杨树易碎易断。

采访者：横掌用什么树？

白音查干：柞木或者用桦树。

采访者：立柱呢？

白音查干：也是桦树或榆树。

采访者：牙箱呢？

白音查干：牙箱、车轴、车轮这些都是桦树或榆树。

采访者：车辐呢？

白音查干：柞木。

采访者：必须用柞木？

白音查干：对。

采访者：车辋呢？

白音查干：榆树或桦树。

采访者：鞍木呢？

白音查干：桦树或榆树。

采访者：小一点的木辖什么木材都可以吧？

白音查干：对，什么树都可以。

采访者：上轭栓木呢？

白音查干：椴木、柳树、桦树都可以。对牛脖子没有伤害。

采访者：下轭栓木呢？

白音查干：那个没有太大要求，椴木什么的都可以。

采访者：固定轭栓木的树枝用什么做？

白音查干：山榆最好。

采访者：烁木可以吗？

白音查干：还可以，但不如山榆。

采访者：烁木和山榆从哪儿弄啊？

白音查干：就咱们北边山上，现在应该少了，都长粗了。

采访者：什么意思呢？

白音查干：不让伐木都长粗了。轭栓木的树条得细一点，烁木和山榆割下来后一年之内就能长起来。

采访者：做车的所有木材都从周围山上砍伐吗？

白音查干：对。去北边的山取，车辕从东边山上取。这边很难找到做车辕的树，所以经常把两个树干连着做。

采访者：家养的榆树可以吗？

白音查干：可以，做车辕，车毂都行。

采访者：除了木头还需要什么？需要铁吗？

白音查干：做车串时用生铁。

采访者：车串是用自己铸的还是买的？

白音查干：有卖的。我们有时候用生铁锅的碎片做车键，那也是生铁，从厚段部分往下切开就可以用了。车串我们做不了，没法铸。这些都在供销社卖呢。

采访者：这些材料有短缺的情况吗？

白音查干：木材基本上都有。

采访者：山区变成保护区后不让伐木了吧？

白音查干：是啊。这也是对的，山已封锁了，这是国家的政策。

采访者：做车的木材大概得用多少钱？

白音查干：我不大清楚现在木材的行情呀！

采访者：伐木时候，选择什么样的树，有技巧吗？

白音查干：不能见树就伐。做车辕要选笔直的树。做车辋要选弯的，这样的树做的车辋不容易裂开，滚动时候不容易磨损。刻出来的车辋不久会有棱子，弯曲部分变得很薄，容易裂开。

采访者：所以要选择跟车辋形状相似的树才耐用。

白音查干：是啊。

采访者：什么时候伐树最好？

白音查干：入伏或数九时最为合适，入伏时树最茂盛，数九时树冬眠了。我们老一辈木匠们都这么说。

采访者：做勒勒车用什么工具？

白音查干：凿子，锯子，斧子，锛子四个就够了。凿子就有好几种。

采访者：这些工具是买呢还是自己做？

白音查干：买。以前自己做，我小时候那些铁匠都做呢。斧子，锛子他们都做呢。

采访者：他们属于铁匠了，木匠做不了吧？

白音查干：做不来，但是铁匠里有会做木匠的。我们嘎查也有来着。

采访者：铁匠的话那就是其他行业了。

白音查干：他们有个带风箱的炉子，烧杏树根炼铁，那时候没有煤。

采访者：那时候铁匠们做锯子吗？

白音查干：做，烧好精铁后均匀地锤炼。把筷子粗那么大的精铁锤炼后能做个小锯。我也做过几个小锯。我把自行车车圈烧好了，捶打后做好的，但是容易断。把刚做好的锯要放在牛粪里降温。断一个做一个，徒弟们也用啊，据小东西时候得用小锯。锤炼精铁做过锯，在我小时候好像没有卖锯的。老木匠们不知道怎么弄到那么多锯的。达木仁阿爸有一次去武义①，捡了一个精铁，放在靴子里带过来的。用那个做的小锯还在呢，估计那个精铁很好。那个细锯有年头了，我也有时候借过来用。刨刀是锤炼而成，铁一锤炼，就成钢了。锛刃是贴钢而成，斧子刃、凿子刃都是贴钢而成。把炼好的钢贴到贴上做刃。

采访者：你现在用的工具都是买来的吧？

白音查干：是的，都是买过来的。

采访者：这些工具都得好好保养吧？

白音查干：是啊，得好好保护。别人借斧子时候多次嘱咐别给弄出豁口了，注意不要砸到地面，垫点儿木板再打等。

采访者：怎么磨这些工具？

白音查干：都有磨刀石呢。原来我们用的天然磨刀石不容易出刃，市场上卖的磨刀石很好出刃。就是人工做的磨刀石上出刃快。这都能做出来，估计都是铁匠做的，手巧的人做的呗，我们是不行。斧子，锛子都是单刃的，刀头不能是弯的，要直线开刃。刨刀也是直线开刃。除了砍木的斧子是双刃的，其他的都是单刃。

采访者：有锛子、斧子、凿子和锯四个工具的话，就能做出勒勒车了吗？

①浙江省金华市武义县。

白音查干：能做，还有个伐木时候用的大锯。

采访者：那是伐树时候用的。大锯好用吗？

白音查干：好用，两个人拉锯就行了。

采访者：锯主要有什么种类？

白音查干：有竖锯、横锯之别。竖锯很难锯断圆木，横锯割不好细木。磨竖锯是往横向磨，顺着锯齿尖部开刃。横锯的锯齿头一个是直的，后边的要稍微偏一下。这样才能锯圆木，不然锯跳的锯不开。

采访者：再说一下磨横锯吧。

白音查干：横锯的锯齿头一个是直的，后边的要稍微偏一下，这样磨。

采访者：那就是锯齿是相互交错的。

白音查干：对，要不然被木头咬住拉不了锯。

采访者：伐木的大锯也是这样磨的？

白音查干：也一样，锯齿都得是交错的。

采访者：锯齿都是一样的，但磨的时候不一样。

白音查干：对，不同磨锯不同方式磨。竖锯是顺着锯齿尖部磨，这样能勾住木料。不然锯跳的锯不开，就跟没做好的犁耙一样，无法入土。

采访者：怎么把锯齿交错好？

白音查干：现在开刃以前都给你交错开了，都有口子了。原先我们用马蹄铁做工具，找一个蹄铁，从钉孔上半部分切开，这样就有了个口子。利用这个口子把锯齿交错开。

采访者：通常怎么错开锯齿？

白音查干：左右均匀就行。

采访者：左右方向掰开吗？

白音查干：对的。这里也有几种：两个和三个锯齿为单位掰开的，给一个掰开的，就这种的。但是这种的不太好锯，还是隔一个和两个锯齿为一个单位掰开的比较好。

采访者：这就是锯的情况。

白音查干：能熟练用锯也不是简单的。错开锯齿时候两个方向的锯齿一定要均衡，要不然锯的时候会走偏。这样瞄着错开它们。

采访者：意思是两边锯齿一定要均衡的。

白音查干：对。

采访者：怎么用锯才快而且不费锯子呀？

白音查干：这个就根据锯子的不同。手锯稍微短小，大锯比较长。手锯用单手锯，所以得熟练后用。大锯（横锯）是大概一庹那么长。

采访者：您说的锯齿"跳"是锯钝了锯不了木料吧？

白音查干：对，就这意思。大圆木更是锯不动。

采访者：通常也能看见人们拉锯，但拉锯也有一定技巧吧？

白音查干：这得均衡用力。推的时候用过劲了，锯就钻进去被树咬住，往回拉就费劲了。根据锯刃锋利度拉锯。

采访者：用凿子也是要注意吧？

白音查干：是的。左手捏住凿柄将凿子的斜口一面朝外并垂直拿稳，右手将斧背用力敲击凿子的柄端，把直纤维凿断，然后将木屑挑出。不能乱敲的。

采访者：凿子一定垂直拿稳，是吧？

白音查干：对的。

采访者：要不然榫眼打偏了。

白音查干：对。

采访者：从外侧往里打（迎击），要榫眼会偏的。

采访者：给我们讲一下斧子的用途吧。

白音查干：修大体形状使用，再细一点的用锛子。单刃斧子是修表面的杂物、钉木辖，等等。

采访者：车辐用的木料是栎木，栎木得劈开好才做辐条吧？

白音查干：看你的木材粗细。

采访者：用斧子还是锛子？

白音查干：得用锛子。修大体形状时候用单刃斧子，尤其做辐条的木材无法固定在垫木上时候修一修。不过会用的话锛子也行，修好了就能固定在垫木上了。

采访者：锛子有什么用途？

白音查干：就是修理整体表面，使车看起来舒服。会用单刃斧子的也可以做车辋，但我习惯用斧子。

采访者：做什么部分主要用锛子？

白音查干：都用呢，没有锛子做不成勒勒车的。削车辋内侧、外侧时候都用锛子。

采访者：削正两侧时候还用锛子。

白音查干：四面都得用锛子削平。

采访者：做勒勒车时候用得最多的工具是锛子呗？

白音查干：对，还有单刃斧子。

采访者：用锛子时要注意什么？

白音查干：小心碰到脚。注意固定锛子的钉子是否松了。要是有夹板的话没事，锛子上有个固定在木柄上的夹板呢，不容易松动。

采访者：不容易脱落了？

白音查干：要是松了，用铁钉钉进去就行。要注意防止锛子头部的脱落。没有其他注意的。

采访者：用锛子削木材时候，是不是先用墨斗划线后，按照线削木吧？

白音查干：对。还有用模具划线，我这里就有很多模具。

采访者：做车辕时先要画好吗？

白音查干：不画。

采访者：把两个木放在一起看着修好就行啊？

白音查干：把一堆木料放在一起，削成四方形，但不会是方方正正的。把多出来的杂物修好就可以了。

采访者：如何熟练用锛子？

白音查干：就看你怎么找到技巧，看你的巧劲儿。

采访者：这巧劲儿容易学吗？

白音查干：还行，用不了多长时间就能学。我很快就学会了，也碰过脚。

采访者：那时最危险了。

白音查干：那时穿的是胶皮鞋，穿布鞋的话一点没事。我们穿的布鞋底儿差不多有一寸厚。我们一般穿靴子削木。

采访者：您父亲有留下来的工具吗？

白音查干：一个凿子、三分的凿子，还有单刃斧子，其他好像没有。估计都给弄丢了。有个手锯来着，大锯没见过。手锯用到前几年，修着用最后坏了。锛子不能用了，没法开刃了。说是现在的钢铁和这个锛头接不了。现在放到一边儿了。

采访者：那时候的锛子就有带刃的头吧？没有背部吧？

白音查干：是的，没有背部。就跟单刃斧头一样。

采访者：是不是在木头上套住？

白音查干：也有铁质的。

采访者：整个都是铁质的？

白音查干：有铁质锛子，木质（背部）锛子等。

采访者：您后来用的是什么锛子？

白音查干：铁质的锛子，我不会用木质锛子。

采访者：从那儿弄到的？

白音查干：以前借用别人的，后来商店有卖的了。

采访者：你们嘎查其他木匠用的工具和您用的一样吗？

白音查干：他们用的是以前铁匠们做的工具，我用的也差不多。锛子背部有变化了，背部有圆头或者 V 形头。

采访者：做车时候您不是划线吗？用什么工具？

白音查干：墨斗呗。

采访者：那是用墨汁吧？

白音查干：不是的，用锅底灰来画。

采访者：对，用锅底灰。还用什么划呢？

白音查干：就用墨斗，那时没有铅笔呀。

采访者：后来有了铅笔。

白音查干：有铅笔了更方便了。

采访者：做勒勒车最有难度的是哪个环节？

白音查干：给车毂打孔最困难。用凿子一点一点地凿开，很不容易的，车轮子又是那么高，凿完真是不容易的事情啊。

采访者：怎么打孔的？

白音查干：凿子是单刃的，一手捏住凿柄将凿子的斜口一面朝外并垂直拿稳，用斧子敲击凿子的柄端，环形凿断木头，然后中间会留的部分用硬木打断。

采访者：一般的凿子可以用吧？

白音查干：可以的，4 寸的比较细长，好用！

采访者：您做的车有什么特征吗？

白音查干：也没什么，但是人们都喜欢我做的车，说是耐用。我是用心做，不会忽悠别人。乌珠穆沁人就喜欢我做的车。我有时候忙不过来，就会叫人帮忙，给车毂打孔。

采访者：您曾说过安装车时候要让车休息是什么意思呢？是

先把车辐什么的安装好后，放一段时间才继续其他工作？

白音查干：让车休息就是把做好的车辋在外边晒晒，让它干透了才能衔接。

采访者：放几天？

白音查干：一天一夜吧。也有晒两天的，晒干就行。要是不晒的话不久就会松动了。这样做更牢固，车辐坏了很难修的，所以晒好了再打。

采访者：到什么程度就不用晒了？

白音查干：要好好敲打，打到车辐下不去了为止。车辐上有标志，打到那个位置，或者下不去了就可以了。

采访者：谢谢您接受我们的采访！

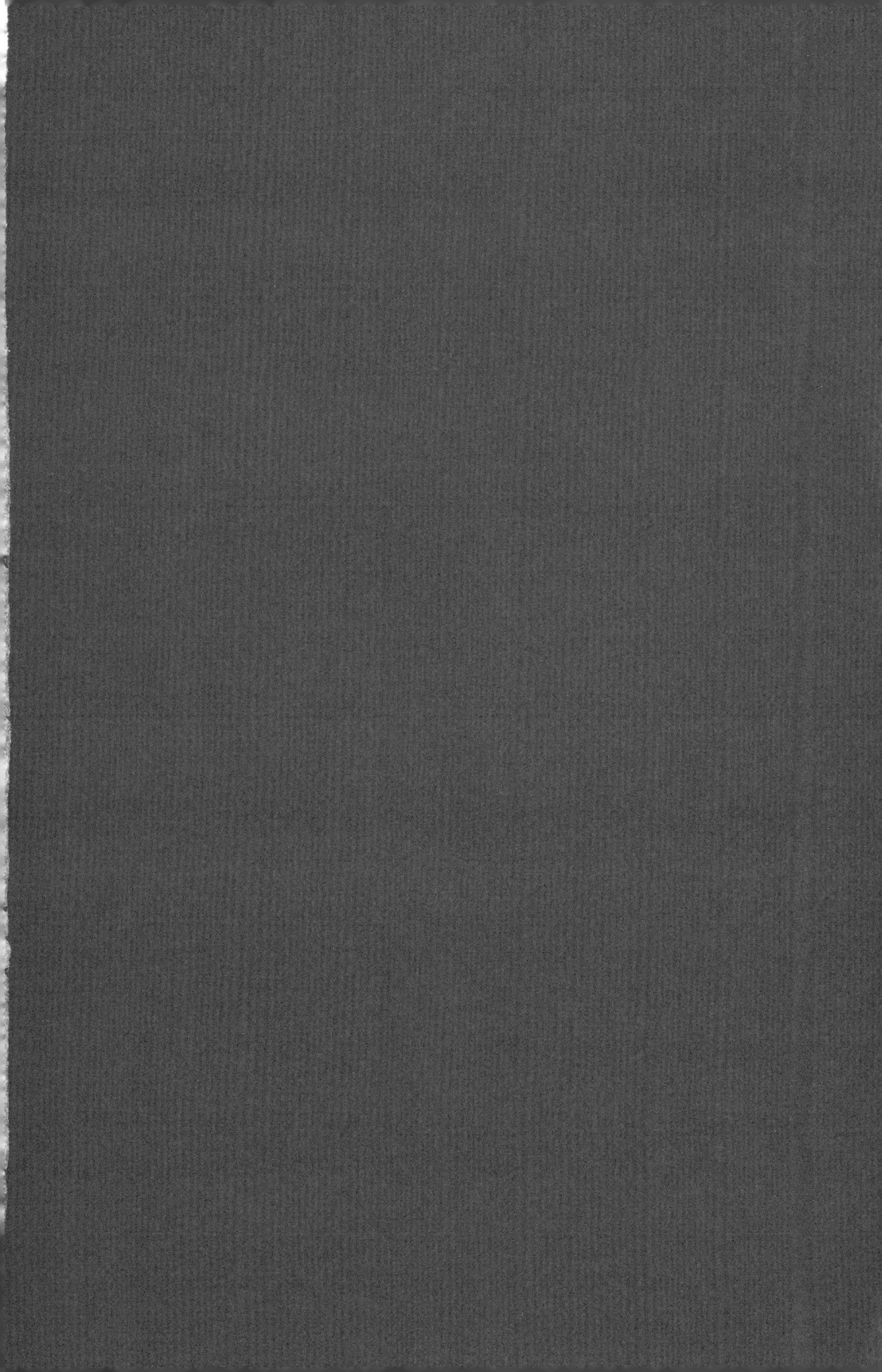

天工
巧匠